어린이 생물 도서관 6

멸종 위기 새 사전

The Encyclopedia of Endangered Birds in Korea

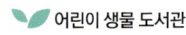

멸종 위기 새 사전
The Encyclopedia of Endangered Birds in Korea

펴낸날	2022년 2월 9일
지은이	박종길

펴낸이	조영권
만든이	노인향, 백문기
꾸민이	ALL design group

펴낸곳	비글스쿨
주소	서울 마포구 신수로 25-32, 101 (구수동)
전화	02) 701-7345~6 **팩스** 02) 701-7347
홈페이지	www.econature.co.kr
등록	제2007-000217호

ISBN 979-11-6450-042-0 76490

박종길 ⓒ 2022

이 책을 만들 때 도움을 주신 분들
강승구, 고경남, 곽호경, 김병일, 김성진, 김시환, 김신환, 김양모, 김은정, 김준철, 김진호, 박건석, 박대용, 박창욱, 백정석, 변종관, 서정화, 안광연, 오동필, 이경호, 이대종, 이동희, 이상일, 이용상, 임백호, 장성래, 정종렬, 조흥상, 진경순, 최순규, 최종수, 최혁준, 한상훈, 한종현

- 이 책의 일부나 전부를 다른 곳에 쓰려면 반드시 저작권자와 비글스쿨 모두에게 동의를 받아야 합니다.
- 잘못된 책은 책을 산 곳에서 바꾸어 줍니다.
- 비글스쿨은 자연과학 전문 출판사 자연과생태의 어린이 브랜드입니다.

어린이제품 안전특별법에 의한 기타 표시사항
제품명 도서 | **제조자명** 비글스쿨 | **제조국명** 한국 | **전화번호** 02) 701-7345~6 | **제조연월** 2022년 2월 |
사용연령 6세 이상 | **주소** (04092) 서울 마포구 신수로 25-32, 101 (구수동)
주의사항: 종이에 베이거나 긁히지 않도록 주의하세요. 책 모서리가 날카로우니 던지거나 떨어뜨리지 마세요.

어린이 생물 도서관 6

박종길 지음

멸종 위기 새 사전

The Encyclopedia of Endangered Birds in Korea

비글스쿨

CONTENTS

사라져 가는 새를 기억해 주세요	007
먼저 읽어 보세요	008

환경부 지정 멸종 위기종과 문화재청 지정 천연기념물

오리과 Anatidae

개리	018
큰기러기	020
큰부리큰기러기	024
흰이마기러기	026
흑기러기	028
혹고니	032
고니	036
큰고니	038
원앙	042
호사비오리	046

황새과 Ciconiidae

먹황새	048
황새	052

저어새과 Threskiornithidae

따오기	056
저어새	060
노랑부리저어새	066

백로과 Ardeidae

큰덤불해오라기	070
붉은해오라기	072
노랑부리백로	076

물수리과 Pandionidae

물수리	080

수리과 Accipitridae

벌매	082
독수리	086
항라머리검독수리	090
흰죽지수리	092
검독수리	096
흰꼬리수리	100
참수리	104
붉은배새매	108
조롱이	114
새매	118
참매	122
개구리매	126
잿빛개구리매	130
알락개구리매	136
솔개	140
큰말똥가리	142

매과 Falconidae

황조롱이	146
새호리기	148
매	150

느시과 Otididae

느시	154

뜸부기과 Rallidae

뜸부기	156

두루미과 Gruidae

재두루미	158
두루미	162
검은목두루미	168
흑두루미	170

검은머리물떼새과 Haematopodidae

검은머리물떼새	174

물떼새과 Charadriidae

흰목물떼새	178

도요과 Scolopacidae

알락꼬리마도요	180
청다리도요사촌	182
붉은어깨도요	184
넓적부리도요	188

호사도요과 Rostratulidae

호사도요	192

갈매기과 Laridae

검은머리갈매기	194
고대갈매기	196

바다오리과 Alcidae

뿔쇠오리	200

비둘기과 Columbidae

낭비둘기	202
흑비둘기	208

두견이과 Cuculidae

두견이	210

올빼미과 Strigidae

큰소쩍새	216
소쩍새	220
수리부엉이	224
올빼미	228
긴점박이올빼미	232
솔부엉이	236
칡부엉이	240
쇠부엉이	242

딱다구리과 Picidae

크낙새	244
까막딱다구리	246

팔색조과 Pittidae

팔색조	250

긴꼬리딱새과 Monarchidae

긴꼬리딱새	254

종다리과 Alaudidae

뿔종다리	258

섬개개비과 Locustellidae

섬개개비	260

멧새과 Emberizidae

검은머리촉새	264
무당새	266
쇠검은머리쑥새	268

우리나라에서 멸종한 새와 빠르게 사라지고 있는 새

원앙사촌	274
청호반새	276
노랑때까치	278
휘파람새	280
찾아보기	282

사라져 가는 새를 기억해 주세요

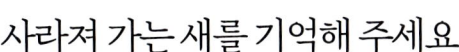

안타깝게도 지금 지구에서는 자연 환경 훼손, 기후 변화에 따른 서식지 감소, 불법 포획, 외래종과 경쟁 같은 이유로 여섯 번째 대멸종이 일어나고 있습니다. 멸종 속도도 자꾸 빨라져 앞으로 20년 안에 육지에 사는 척추동물 500여 종이 아예 사라질지 모릅니다. 새도 마찬가지입니다. 지금까지 전 세계에 알려진 새(1만 999종)의 약 13.5%인 1,480종이 멸종 위기에 놓여 있습니다.

한국 특산 아종인 크낙새, 뿔종다리는 더 이상 우리나라에서 번식하는 집단을 볼 수 없습니다. 넓적부리도요, 청다리도요사촌, 검은머리촉새처럼 장거리를 오가는 일부 철새 또한 개체수가 급격하게 줄었습니다. 이들 외에도 멸종 위기 새는 계속 늘어나고 있고요.

새를 비롯한 생물 종 감소와 멸종은 곧 생태계 불균형을 일으킵니다. 생물 다양성을 유지하려면 생물 서식지를 보전하고, 사라져 가는 종을 보호해야 합니다. 필요하다면 증식 및 복원을 해 나가며 관리해야 합니다. 그러나 무엇보다 중요한 것은 멸종 위기에 처한 생물이 많다는 점을 알고 이들을 보호하고자 함께 노력하자는 공감대를 만드는 것입니다.

이런 뜻에서 이 책은 우리나라에서 보기 어려워진 새, 즉 멸종위기 야생생물과 천연기념물로 지정해 보호하는 새를 소개합니다. 아울러 이 새들이 우리나라는 물론 지구 전체에서 얼마큼 위험한 상황에 처했는지, 줄어드는 원인은 무엇인지도 살펴봅니다. 머지않아 사라질지도 모를 새를 기억하고, 이들을 위해 우리가 할 수 있는 일은 무엇인지, 새와 사람이 모두 좋은 환경에서 살아갈 방법은 없는지 함께 생각해 보고 싶습니다.

2022년 2월 박종길

먼저 읽어 보세요

이 책에서는 우리나라 법정보호종 74종과 우리나라에서 이미 멸종했거나 빠른 속도로 개체수가 줄어들고 있는 4종을 더해 모두 78종을 소개합니다.

문화재청에서 '천연기념물'로 지정한 46종(오골계 제외), 환경부에서 '멸종위기 야생생물'로 지정한 63종(Ⅰ급 14종, Ⅱ급 49종)이 법정보호종에 해당하며, 이 중 멸종위기 야생생물 Ⅱ급에서 한 종으로 다루는 큰기러기는 큰기러기와 큰부리큰기러기로 구별하는 것이 바람직해서 1종이 추가되었습니다. 이들 중 36종은 천연기념물이면서 동시에 멸종위기 야생생물입니다.

세계자연보전연맹(IUCN, International Union for Conservation of Nature)에서는 전 세계 생물을 대상으로 이들이 처한 상황을 정리해 자료집을 펴냅니다. 1966년에 처음 펴낸 자료집 표지가 위기를 나타내는 붉은색이어서 『적색자료집(Red Data Book)』이라고 부르며, 이 자료집을 통해 우리나라에서 보호하는 새들이 국제적으로는 어떤 상황인지를 살필 수 있습니다.

● 천연기념물

문화재청에서 정의하는 천연기념물은 "학술 및 관상적 가치가 높은 우리나라 특유의 자연유산을 대상으로「문화재보호법」에 의해 지정된 동물, 식물, 지질·광물 및 천연보호구역 등의 국가지정문화재"입니다. 이 중에서 동물은 "한국 특유의 동물 또는 그 서식지와 번식지, 특수한 환경에서 서식하는 종 또는 그 서식지와 번식지, 철새 도래지, 한국 특유의 과학적·학술적 가치가 있는 동물자원·표본 및 자료, 희귀동물"을 대상으로 지정합니다. 새는 47종이 지정되었습니다.

■ 천연기념물 목록

구분	지정 명칭	멸종위기 야생생물 중복 종
1	크낙새	○
2	따오기	○
3	황새	○
4	먹황새	○
5	고니	○
6	큰고니	○
7	혹고니	○
8	두루미	○
9	재두루미	○
10	팔색조	○
11	저어새	○
12	노랑부리저어새	○
13	느시	○
14	흑비둘기	○
15	흑두루미	○
16	까막딱다구리	○
17	독수리	○
18	검독수리	○
19	참수리	○
20	흰꼬리수리	○
21	연산 화악리 오골계	
22	참매	○
23	붉은배새매	○
24	개구리매	
25	새매	○
26	알락개구리매	○
27	잿빛개구리매	○
28	매	○
29	황조롱이	
30	올빼미	○
31	수리부엉이	○
32	솔부엉이	
33	쇠부엉이	

구분	지정 명칭	멸종위기 야생생물 중복 종
34	칡부엉이	
35	소쩍새	
36	큰소쩍새	
37	개리	○
38	흑기러기	○
39	검은머리물떼새	○
40	원앙	
41	노랑부리백로	○
42	뜸부기	○
43	두견이	
44	호사비오리	○
45	호사도요	
46	뿔쇠오리	○
47	검은목두루미	○

* 연산 화악리 오골계 포함

● **멸종위기 야생생물**

많은 나라에서 멸종 위기종 목록을 작성하고 그 종과 서식지를 보호, 보전하는 계획을 세웁니다. 우리나라는 「야생생물 보호 및 관리에 관한 법률」에 따라 야생생물과 그 서식 환경을 체계적으로 보호하고, 관리하고자 환경부가 지정, 보호하고 있습니다. 멸종을 예방하고, 생물 다양성을 높여 생태계 균형을 유지하며, 사람과 야생생물이 공존하는 것이 목표입니다.

환경부는 멸종 위기에 놓인 정도에 따라 멸종위기 야생생물을 Ⅰ급과 Ⅱ급으로 나누며, Ⅰ급은 "자연적 또는 인위적 위협 요인으로 개체수가 크게 줄어들어 멸종 위기에 처한 야생생물로서 대통령령으로 정하는 기준에 해당하는 종", Ⅱ급은 "자연적 또는 인위적 위협요인으로 개체수가 크게 줄어들고 있어 현재의 위협요인이 제거되거나 완화되지 아니할 경우 가까운 장래에 멸종 위기에 처할 우려가 있는 야생생물로서 대통령령으로 정하는 기준에 해당하는 종"으로 정의합니다. 새는 Ⅰ급에 14종, Ⅱ급에 49종이 지정되었습니다.

■ 멸종위기 야생생물 Ⅰ급

1	검독수리	*Aquila chrysaetos*
2	넓적부리도요	*Calidris pygmaea*
3	노랑부리백로	*Egretta eulophotes*
4	두루미	*Grus japonensis*
5	매	*Falco peregrinus*
6	먹황새	*Ciconia nigra*
7	저어새	*Platalea minor*
8	참수리	*Haliaeetus pelagicus*
9	청다리도요사촌	*Tringa guttifer*
10	크낙새	*Dryocopus javensis*
11	호사비오리	*Mergus squamatus*
12	혹고니	*Cygnus olor*
13	황새	*Ciconia boyciana*
14	흰꼬리수리	*Haliaeetus albicilla*

■ 멸종위기 야생생물 Ⅱ급

1	개리	*Anser cygnoides*
2	검은머리갈매기	*Chroicocephalus saundersi*
3	검은머리물떼새	*Haematopus ostralegus*
4	검은머리촉새	*Emberiza aureola*
5	검은목두루미	*Grus grus*
6	고니	*Cygnus columbianus*
7	고대갈매기	*Ichthyaetus relictus*
8	긴꼬리딱새	*Terpsiphone atrocaudata*
9	긴점박이올빼미	*Strix uralensis*
10	까막딱다구리	*Dryocopus martius*
11	노랑부리저어새	*Platalea leucorodia*
12	느시	*Otis tarda*
13	독수리	*Aegypius monachus*
14	따오기	*Nipponia nippon*
15	뜸부기	*Gallicrex cinerea*
16	무당새	*Emberiza sulphurata*
17	물수리	*Pandion haliaetus*
18	벌매	*Pernis ptilorhynchus*
19	붉은배새매	*Accipiter soloensis*

20	붉은어깨도요 *Calidris tenuirostris*
21	붉은해오라기 *Gorsachius goisagi*
22	뿔쇠오리 *Synthliboramphus wumizusume*
23	뿔종다리 *Galerida cristata*
24	새매 *Accipiter nisus*
25	새호리기 *Falco subbuteo*
26	섬개개비 *Helopsaltes pleskei*
27	솔개 *Milvus migrans*
28	쇠검은머리쑥새 *Emberiza yessoensis*
29	수리부엉이 *Bubo bubo*
30	알락개구리매 *Circus melanoleucos*
31	알락꼬리마도요 *Numenius madagascariensis*
32	낭비둘기 *Columba rupestris*
33	올빼미 *Strix nivicolum*
34	재두루미 *Antigone vipio*
35	잿빛개구리매 *Circus cyaneus*
36	조롱이 *Accipiter gularis*
37	참매 *Accipiter gentilis*
38	큰고니 *Cygnus cygnus*
39	큰기러기(큰부리큰기러기) *Anser fabalis*
40	큰덤불해오라기 *Ixobrychus eurhythmus*
41	큰말똥가리 *Buteo hemilasius*
42	팔색조 *Pitta nympha*
43	항라머리검독수리 *Clanga clanga*
44	흑기러기 *Branta bernicla*
45	흑두루미 *Grus monacha*
46	흑비둘기 *Columba janthina*
47	흰목물떼새 *Charadrius placidus*
48	흰이마기러기 *Anser erythropus*
49	흰죽지수리 *Aquila heliaca*

● 적색자료집

세계자연보전연맹(IUCN) 적색자료집에서는 모든 종을 9가지 범주로 나누며, 멸종 위험도가 높은 순서대로 절멸(EX), 야생절멸(EW), 위급(CR), 위기(EN), 취약(VU), 준위협(NT), 관심대상(LC), 정보부족(DD), 미평가(NE)로 분류합니다.

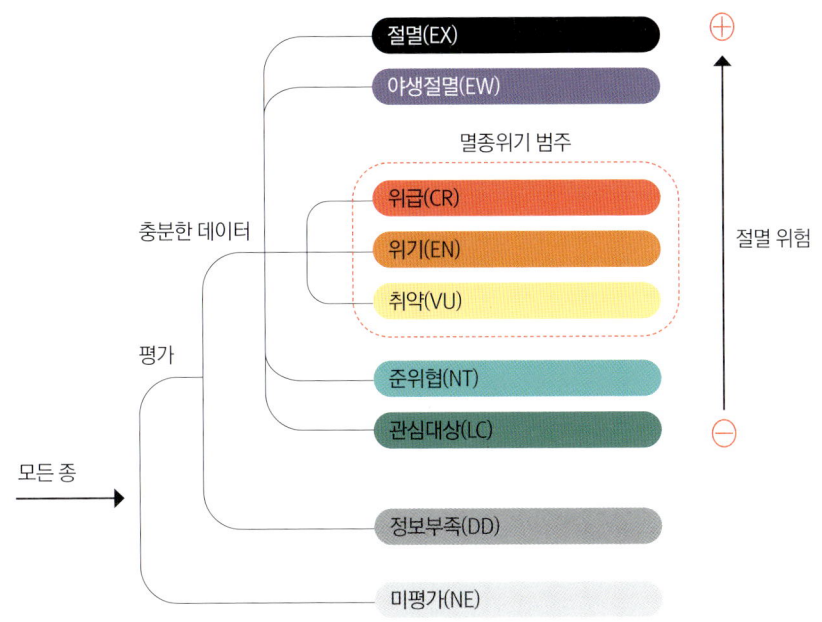

9가지 평가 범주

■ 적색자료집 평가 범주

범주	내용
절멸(EX, Extinct)	마지막 개체가 죽었다는 점을 합리적으로 의심할 여지가 없는 상태
야생절멸(EW, Extinct in the wild)	자연 서식지에서는 절멸한 상태이나 동물원이나 식물원 등지에서 사육 또는 재배하는 개체만 있는 상태
위급(CR, Critically endangered)	야생에서 극단적으로 높은 절멸 위기에 직면한 상태
위기(EN, Endangered)	야생에서 매우 높은 절멸 위기에 직면한 상태
취약(VU, Vulnerable)	야생에서 높은 절멸 위기에 직면한 상태
준위협(NT, Near-threatened)	현재는 위급, 위기, 취약에 해당하지 않지만 가까운 장래에 멸종 우려 범주(위급, 위기, 취약) 중 하나에 근접하거나 멸종 우려 범주 중 하나로 평가될 수 있는 상태
관심대상(LC, Least concern)	기준에 따라 평가되었으나 위급, 위기, 취약, 준위협에 해당하지 않는 상태로 널리 퍼져 있고, 개체수도 많은 상태
정보부족(DD, Data deficient)	멸종 위험에 대한 평가를 하기에는 정보가 부족한 상태
미평가(NE, Not evaluated)	적색자료집 기준에 따라 아직 평가하지 않은 종

*본문에서 천연기념물, 멸종위기 야생생물, 적색자료집 정보와 함께 나타낸 전 세계 개체수는 모두 추정치입니다. 믿을 만한 데이터가 없어 개체수를 추정하기 어려운 종에서는 '정확한 데이터 없음'으로 표기했습니다.

● 부위 이름

눈썹선
눈테
납막

귀깃
안반

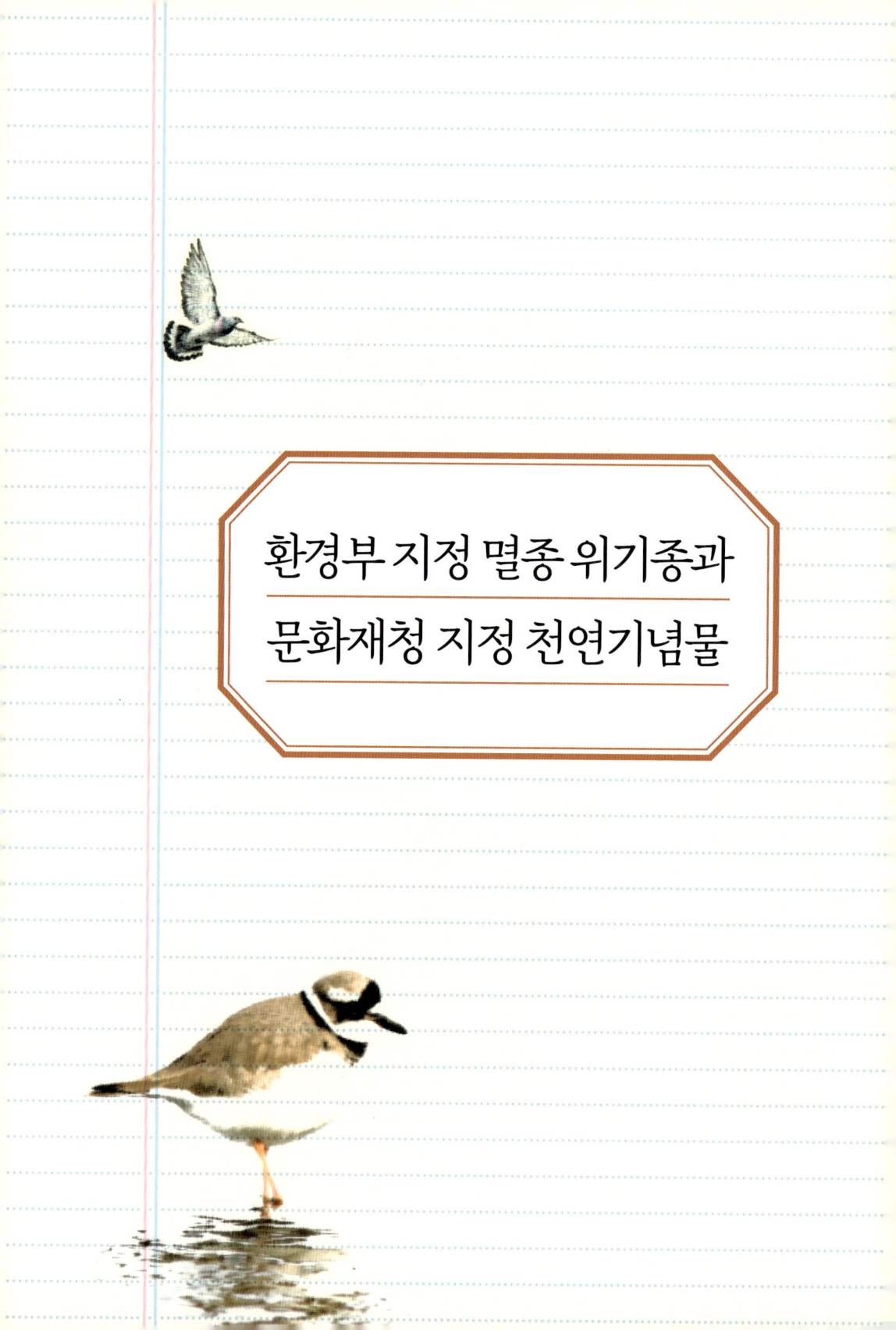

환경부 지정 멸종 위기종과
문화재청 지정 천연기념물

오리과	호사도요과
황새과	갈매기과
저어새과	바다오리과
백로과	비둘기과
물수리과	두견이과
수리과	올빼미과
매과	딱다구리과
느시과	팔색조과
뜸부기과	긴꼬리딱새과
두루미과	종다리과
검은머리물떼새과	섬개개비과
물떼새과	멧새과
도요과	

개리
Swan Goose | *Anser cygnoides* | 오리과(Anatidae)

- 천연기념물
- 멸종위기 야생생물 II급
- 적색자료집 취약(VU)
- 전 세계 개체수: 6만~8만

몽골, 중국 동북부·헤이룽장성, 러시아 극동, 사할린 북부 등 제한된 지역에서 번식하고 한국, 중국 양쯔강 유역, 대만, 일본에서 겨울을 난다. 서식지가 줄어들면서 개체수도 줄고 있다. 우리나라에는 10월 초순에 와서 4월 중순까지 적은 수가 찾아오는 나그네새이며 겨울철새다. 한강~임진강 하구, 금강 하구, 천수만, 주남저수지, 낙동강 하구 등지에서 지낸다.

물 고인 습지와 갯벌을 좋아한다. 머리를 펄 속 깊이 넣어 새섬매자기나 부들 같은 물풀 뿌리를 먹는다. 머리에서 뒷목은 암갈색, 앞목은 흰색으로 뚜렷한 경계를 이룬다. 부리 기부를 따라 흰색 깃이 띠를 이룬다. 몸길이는 81~94cm이다.

어른새. 2015.3.28.
경기 파주 출판단지 습지

물가에서 먹이를 찾는다.
2015.3.28. 경기 파주 출판단지 습지

물풀이 자라는 갯벌이나 하구에서 무리 지어 지낸다. 2010.10.23. 충남 서천 송림갯벌 ⓒ 한종현

큰기러기

Tundra Bean Goose | *Anser serrirostris* | 오리과(Anatidae)

학자에 따라 큰기러기와 큰부리큰기러기를 아종* 관계 또는 별개 종으로 나누지만, 국제조류학회에서는 서로 다른 종으로 구별한다. 그러나 전 세계 개체수는 2종(또는 아종)을 합친 수로만 알 수 있다. 유라시아 대륙 북부 개방된 툰드라 저지대에서 번식하고, 유럽 중남부, 중앙아시아, 한국, 중국 황허강과 양쯔강 유역, 일본에서 겨울을 난다. 우리나라에는 9월 하순에 찾아오며 3월 하순까지 머문다.

추수가 끝난 농경지에서
쇠기러기와 섞여 지낸다.
2016.10.8. 충남 서산 천수만

- 멸종위기 야생생물 II급
- 전 세계 개체수:
  68만~80만

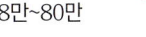

큰부리큰기러기와 달리 전국 드넓은 농경지에서 무리를 이루어 지낸다. 이동할 때 소리를 주고받으며 일정한 대형을 이룬다. 농경지나 습지에서 벼 이삭, 잡초, 목초 등을 먹는다. 몸 전체가 암갈색이며 몸 아랫면은 색이 엷다. 부리는 약간 짧고 검은색이며 끝부분에 독특한 노란 무늬가 있다. 몸길이는 84.5~90cm이다.

- 아종(亞種, subspecies, ssp.) : 같은 종이지만 사는 환경이 달라지면서 생김새도 달라진 무리를 가리킨다.

위협을 느끼면 소리를 내고, 한 마리가 날아오르면 무리 전체가 함께 날아올라 도망간다. 2010.12.25. 경기 파주

어른새. 2020.12.19. 경기 파주 공릉천

큰부리큰기러기

Taiga Bean Goose | *Anser fabalis* | 오리과(Anatidae)

• 멸종위기 야생생물 II급
• 전 세계 개체수: 68만~80만

스칸디나비아 북부에서부터 동쪽으로 러시아 아나디리까지 번식하고 유럽, 중앙아시아, 중국 동부, 한국, 일본에서 겨울을 난다. 우리나라에는 9월 하순에 찾아와 낙동강, 금강 하구 등 전국 습지에서 3월 하순까지 머문다. 줄, 갈대, 마름 등 물풀이 무성한 습지를 좋아하며 뿌리와 줄기, 씨앗을 긴 머리와 긴 부리를 써서 찾아 먹는다. 큰기러기와 생김새가 매우 비슷해서 구별이 어렵지만 부리가 큰기러기보다 길며, 이마와 부리 경사가 완만하다. 몸길이는 90~100cm이다.

큰기러기와 달리 주로 습지에서 지낸다. 2015.12.13. 경기 파주

어른새. 2015.11.22. 경기 파주

수심이 낮은 곳에서 지내며 수생식물을 먹는다. 2021.2.28. 경기 고양 일산

흰이마기러기

Lesser White-fronted Goose | *Anser erythropus* |
오리과(Anatidae)

- 멸종위기 야생생물 II급
- 전 세계 개체수:
  1만 6,000~2만 7,000

유라시아 대륙 북극권에서 번식하고 유럽 남부, 중동, 중국 양쯔강 중류에서 겨울을 난다. 우리나라에는 100마리 이하로 적은 수가 10월 초순에 찾아와 3월 하순까지 머문다.
대부분 쇠기러기 무리에 섞여서 겨울을 나며, 쇠기러기보다 약간 작다. 부리는 분홍색을 띠며 쇠기러기보다 뚜렷하게 짧다. 이마에서 머리꼭대기까지 있는 흰 무늬 폭이 넓으며, 노란색 눈테가 뚜렷하다. 몸길이는 55~65cm이다.

어른새와 어린새. 2009.11.29. 충남 서산 천수만 ⓒ 김신환

쇠기러기 사이에 섞여 겨울을 나지만 생김새가 매우 비슷해 구별하기 어렵다.
2020.11.9. 인천 강화 교동도 ⓒ 박대용

어른새. 2005.2.13. 경남 창원 주남저수지 ⓒ 최종수

- 천연기념물
- 멸종위기 야생생물 II급
- 전 세계 개체수: 56만~65만

흑기러기

Brant Goose | *Branta bernicla* | 오리과(Anatidae)

유라시아 대륙, 북아메리카, 그린란드의 북극권에서 번식하고 한국, 일본, 중국 해안, 북미 서부 연안 등지에서 겨울을 난다. 다른 기러기와 달리 바닷가에 사는 새로, 우리나라에는 매우 적은 수가 10월 중순에 찾아와 주로 동해안과 남해안 하구 또는 해안에서 3월 하순까지 머문다.
대개 파래 같은 해조류와 줄 같은 물풀을 먹는다. 몸 윗면은 전체적으로 검은색이며, 옆구리 흰색 무늬가 뚜렷하다. 목은 짧고 굵으며, 큰 흰색 무늬가 있다. 몸길이는 55~65cm이다.

다른 기러기 종류와 달리 바다에서 생활한다. 2010.12.4.
강원 고성 아야진항 ⓒ 진경순

어른새. 2011.12.24.
강원 강릉 사천항 ⓒ 변종관

1회 겨울깃. 날개덮깃 끝이 흰색이다. 2011.12.24. 강원 강릉 사천항 ⓒ 변종관

- 천연기념물
- 멸종위기 야생생물 I급
- 전 세계 개체수: 1,000~3,000(동아시아)

혹고니

Mute Swan | *Cygnus olor* | 오리과(Anatidae)

유럽 중·서부, 몽골, 바이칼호 동부, 우수리강 유역에서 번식하고 북아프리카, 소아시아, 중국 동부, 한국에서 겨울을 난다. 개체수는 유럽을 비롯한 대부분 지역에서 증가하고 있지만, 동아시아에서는 줄고 있다. 우리나라에는 11월 초순~3월 하순에 찾아온다. 1980년대까지는 강원 경포호, 화진포호, 송지호, 청초호 등 석호에 매년 규칙적으로 찾아왔으나, 현재는 50마리 미만이 시화호, 영종도, 천수만, 낙동강 하구 등지에서 겨울을 난다.

물풀 뿌리와 줄기를 먹는다. 다른 고니류처럼 시끄러운 소리를 거의 내지 않는다. 눈앞은 검은색이며, 부리는 오렌지색이고 부리에 검은 혹이 있다. 어린새는 전체가 회갈색이며, 부리 색이 엷고 혹이 거의 보이지 않는다. 우리나라를 찾는 고니류 중 가장 크며, 몸길이는 152cm이다.

어른새. 2014.12.8. 강원 고성 송지호 ⓒ 박대용

고니 종류 3종 가운데 우리나라에서 월동하는 수가 가장 적으며, 넓은 호수에서 생활한다.
2014.12.8. 강원 고성 송지호 ⓒ 박대용

흔히 고니 종류를 통틀어 '백조'라고 부르는 사람이 많은데, 이는 일본식 표현이다. 우리말로는 고니가 옳다. 2014.12.8. 강원 고성 송지호 ⓒ 박대용

고니

Tundra Swan | *Cygnus columbianus* | 오리과(Anatidae)

- 천연기념물
- 멸종위기 야생생물 II급
- 전 세계 개체수: 31만 7,000~33만 6,000

유라시아 대륙 북부, 알래스카, 캐나다 북부에서 번식하고 유럽 서부, 카스피해 주변, 한국, 중국 동부, 일본에서 겨울을 난다. 우리나라에는 100마리 미만이 11월 초순에 찾아와 3월 하순까지 머문다. 큰고니와 섞여 겨울을 나지만 그 수가 많지 않다.

번식지에서 월동지로 찾아올 때 가족 단위로 움직이며, 그해 태어난 어린새는 부모를 따라 길을 익히며 월동지에 도착한다. 몸이 무거워 도움닫기한 후에 이륙하며, 내려앉을 때는 미끄러지듯 수면에 앉는다. 자맥질해 긴 목을 물속에 넣어 넓고 납작한 부리로 호수 밑바닥에 있는 풀 줄기와 뿌리를 끊어 먹거나, 갯벌에 부리를 파묻고 해초, 조개, 작은 물고기 등을 찾아 먹는다. 부리 끝은 검고 기부는 노란색이며, 노란 부분이 검은 부분보다 작고 둥그스름하다. 몸길이는 120cm이다.

어른새. 2015.12.27.
충남 서산 천수만 ⓒ 한종현

어른새와 어린새. 2015.12.27.
충남 서산 천수만 ⓒ 한종현

어린새. 2015.12.27. 충남 서산 천수만 ⓒ 한종현

큰고니

Whooper Swan | *Cygnus cygnus* | 오리과(Anatidae)

- 천연기념물
- 멸종위기 야생생물 II급
- 전 세계 개체수: 18만 이하

하천 한가운데에 무리 지어 쉬고 있다. 잘 때는 긴 목을 등에 파묻는데 포식자에게 잡혀먹지 않고자 한쪽 눈은 뜨고 잔다. 2011.1.16. 충남 서산 해미천

유라시아 대륙 북부, 아이슬란드에서 번식하고 유럽, 카스피해 주변, 한국, 중국 동부, 일본에서 겨울을 난다. 고니류 중 가장 흔하지만 개체수가 줄고 있다. 우리나라에는 4,000~7,000마리가 11월 초순에 찾아와 3월 하순까지 머문다. 동해안 석호, 천수만, 금강 하구, 낙동강 하구, 주남저수지, 하남 팔당 등지 습지에서 가족 단위로 지내며 겨울을 난다.

자맥질해 긴 목을 물속에 넣어 넓고 납작한 부리로 호수 밑바닥에 있는 풀 줄기와 뿌리를 끊어 먹거나, 갯벌에 부리를 파묻고 해초, 우렁이, 조개, 작은 물고기 따위를 먹는다. 부리 끝은 검은색, 기부는 노란색이며, 노란색 부분은 부리 앞쪽으로 길게 튀어나왔다. 몸길이는 140cm이다.

어른새. 2019.1.4. 충남 서산 해미천

겨울철에 체온 손실을 줄이려고
한 발로 잠잘 때도 있다. 2014.1.1.
충남 서산 천수만 ⓒ 김준철

원앙

Mandarin Duck | *Aix galericulata* | 오리과(Anatidae)

- 천연기념물
- 전 세계 개체수: 6만 5,000~6만 6,000

수컷. 2015.4.24. 경북 영주 태장리

중국 동북부, 한국, 러시아 극동, 사할린, 일본에서 번식하고, 우리나라에서는 흔한 텃새이자 겨울철새다. 번식기에는 산간 계류에서 살며 겨울철에는 강, 바닷가, 저수지에 무리 지어 찾아든다. 물속 곤충, 연체동물, 작은 물고기, 풀씨, 도토리 등을 먹는다. 보통 저수지, 계곡 주변 등 물에서 멀지 않은 곳에 저절로 생긴 나무 구멍을 둥지로 삼고, 둥지 안에는 부드러운 깃털을 깐다. 암컷은 알을 7~14개 낳으며, 28~30일 동안 품는다. 부화한 새끼는 솜털이 마르자마자 둥지를 떠난다.

수컷은 셋째날개깃 1장이 은행잎 모양이고, 부리는 전체적으로 붉은색이며 끝은 희다. 암컷은 전체적으로 회갈색이며, 부리는 검은색이고 눈 주위와 그 뒤로 흰색 줄이 있다. 몸길이는 42.5~45cm이다.

암컷. 2017.3.8.
광주 전남대학교 용지

수컷 변환깃. 번식이 끝나면 수컷은 암컷과 거의 비슷한 모양으로 깃털갈이를 하지만 부리는 암컷과 달리 붉은색을 띤다. 2017.9.8. 광주 전남대학교 용지

둥지. 노거수에 생긴 나무 구멍을 둥지로 삼았다. 2011.5.8. 충북 충주 용산리

알. 2013.5.31. 전남 구례

번식기에는 산간 계류에서 지내며 먹이를 찾는다.
2008.3.26. 전북 무주 구천동계곡

수컷. 2011.1.30. 경기 가평 강촌 ⓒ 곽호경

암컷. 수컷처럼 옆구리에 검은 비늘무늬가 있다. 2011.1.30. 경기 가평 강촌 ⓒ 곽호경

호사비오리

Scaly-sided Merganser | *Mergus squamatus* | 오리과(Anatidae)

아무르강, 우수리강 유역, 백두산 등지 등 매우 제한된 지역에서 번식한다. 중국 남부와 중부, 한국, 일본 등지에서 겨울을 난다. 번식지에서 발생하는 불법 사냥으로 목숨을 잃거나, 어망에 걸려 익사하거나, 오가는 보트 때문에 서식 환경이 교란되거나, 산림 벌목으로 서식지가 줄어들면서 개체수가 자꾸 감소해 매우 희귀해진 새다. 우리나라에는 100마리 이하가 10월 하순에 찾아와 3월 중순까지 머문다. 춘천 인

수컷. 2011.1.30. 경기 가평 강촌 ⓒ 이상일

- 천연기념물
- 멸종위기 야생생물 Ⅰ급
- 적색자료집 멸종위기(EN)
- 전 세계 개체수: 2,400~4,500

근 북한강 일대, 경남 산청, 진주 일대 남강, 전남 화순 지석천 등지에서 겨울을 난다.
경계심이 강해서 사람 간섭이 적은 조약돌이 깔린 맑고 옅은 하천 여울, 강 상류, 호수 등지에서 지낸다.
무리를 지어 잠수해 물고기를 잡아먹는다. 옆구리에서 위꼬리덮깃까지 검은 비늘무늬가 흩어져 있다.
몸길이는 57cm이다.

어른새. 2016.2.6. 경북 영주 내성천 ⓒ 이용상

산간 저수지, 하천 근처 높은 암벽 지대에서 쉰다.
2010.12.3. 전남 화순군 동복호 인근 ⓒ 이대종

- 천연기념물
- 멸종위기 야생생물 Ⅰ급
- 전 세계 개체수: 2만 4,000~4만 4,000

먹황새

Black Stork | *Ciconia nigra* | 황새과(Ciconiidae)

유라시아 대륙 온대 지역과 아프리카 남부에서 번식하고 아프리카, 인도, 중국 남부에서 겨울을 난다. 국내에서는 경북 안동 가송리 바위 절벽에서 1968년까지 한 쌍이 번식한 텃새였지만 이후에는 번식한 기록이 없다. 우리나라에는 10월 중순에서 3월 하순까지 매우 적은 수가 통과한다. 전남 화순 동복호, 경북 영주, 예천 일대 내성천 등지에서 겨울을 난다.

앞이 트여 주변을 경계하기 좋은 산림 바위 절벽에서 번식한다. 비번식기에는 수심이 얕고 폭이 넓은 하천 또는 강, 저수지 등 습지에서 홀로 또는 적은 무리를 이루어 먹이를 찾는다. 경계심이 강해 사람이 접근하면 얼른 날아오른다. 몸 윗면에서 아랫목까지 자주색과 녹색 광택이 도는 검은색이다. 부리와 다리는 길고 붉은빛을 띠며, 눈 주위로 붉은 피부가 드러나 있다. 몸길이는 99cm이다.

옛날 번식지. 1968년까지 먹황새가 번식했던 경북 안동 가송리 절벽

옛날 번식지. 퇴계 이황 선생의 발자취가 남아 있는 고산정 왼쪽 절벽도 번식지 중 하나였다.

고산정 왼편 뒤쪽에는 일제 강점기에 세워진 먹황새 번식지 표석이 있다.
세워진 지 오래되어 '天然記念物 第七十二號 安東 ○○ 繁殖地
(천연기념물 제72호 안동 ○○ 번식지)'라는 글이 간신히 보일 정도다.

황새

Oriental Stork | *Ciconia boyciana* | 황새과(Ciconiidae)

- 천연기념물
- 멸종위기 야생생물 Ⅰ급
- 적색자료집 멸종위기(EN)
- 전 세계 개체수: 2,500 이하

시베리아 남동부, 중국 동북부에서 번식하고 중국 남동부, 한국에서 겨울을 난다. 우리나라에는 11월 초순에 찾아와 3월 하순까지 머문다. 과거에는 텃새이기도 했으나, 1970년 충북 음성에서 번식하던 마리가 희생된 이후 우리나라 야생에서는 사라졌다. 1996년 7월 17일 러시아에서 새끼 1쌍을 기증받아 한국교원대학교 황새복원센터에서 인공 증식을 시작했다. 2014년 6월 충남 예산황새공원으로 옮겨와 자연 적응 훈련을 한 뒤에 방사하고 있다.

겨울에는 무리를 이루어 지내며 경계심이 강해 접근하기가 힘들다. 논, 하천, 호수에서 미꾸라지를 비롯해 작은 물고기, 개구리, 들쥐 등을 잡아먹는다. 부리는 매우 크며 검다. 홍채는 엷은 황색이며 눈 주위가 붉다. 몸길이는 110~115cm이다.

천수만, 금강 하구, 새만금, 고창, 순천만, 해남 등지에서 겨울을 난다. 월동하는 개체는 2019년까지 5~60마리에 불과했지만 이후 점차 늘어나 2021년 1월에는 110마리 이상이 찾아왔다. 2016.1.24. 충남 서산 해미천 ⓒ 김신환

큰 새라는 이름 뜻처럼 부리와 다리가 길고 몸집도 매우 크다.
2020.12.12. 충남 홍성 간월호 인근 농경지

어른새. 2020.12.12.
충남 홍성 간월호 인근

둥지. 이 황새는
충남 예산황새공원에서 태어나
자연 방사된 개체 중 야생에서
스스로 둥지를 틀고
알을 낳아 번식한 첫 사례다.
2021.4.10. 충남 태안 달산리

어른새. 2019.6.15.
경남 창녕 우포

- 천연기념물
- 멸종위기 야생생물 II급
- 적색자료집 멸종위기(EN)
- 전 세계 개체수: 1,000 이상

따오기

Crested Ibis | *Nipponia nippon* | 저어새과(Threskiornithidae)

남획과 서식지 파괴로 19세기 후반에서 20세기 중반 사이에 개체수가 급격하게 감소하며 멸종 위기에 처한 것으로 보인다. 1980년대 초까지 야생에서 살아 있던 개체는 15~20마리로 추정한다. 1980년대부터 실시한 서식지 복원 사업 등으로 중국 양현에서는 야생 따오기가 500마리를 넘어섰다. 이후 서식지가 주변 지역으로 확대되면서 중국 산시성 한중시에서는 2019년 기준 야생 따오기 511쌍이 번식했다.

과거 우리나라에서는 흔한 겨울철새였지만, 1978년 12월 경기 파주 판문점 주변에서 1마리가 관찰된 것이 마지막 기록이다. 2008년 10월 17일 중국에서 4마리를 기증받아 경남 우포늪 인근 따오기복원센터에서 복원 사업을 추진하고 있다. 2019년 5월에 40마리를 야생에 처음으로 방사했으며, 2020년에도 40마리를 방사했다. 우포늪 따오기는 2008년 중국에서 들여온 개체의 후손이기 때문에 유전적 다양성이 낮다. 앞으로 새로운 개체를 더 들여와 유전적 다양성을 높여야 한다.

아래로 굽은 부리를 진흙에 묻고 머리를 좌우로 휘저으며 개구리, 땅강아지, 미꾸라지, 게, 우렁이, 조개류를 먹는다. 비번식기에는 몸 대부분이 흰색이지만, 번식기에는 머리, 등, 날개덮깃이 회색으로 변한다. 얼굴은 피부가 그대로 드러나 붉으며, 뒷머리에 긴 댕기가 있다. 몸길이는 76.5cm이다.

인공 증식 따오기

2019.5.22. 경남 창녕 우포 ⓒ 이동희

2010.11.19. 경남 창녕 우포
따오기복원센터 ⓒ 김성진

2012.9.2. 경남 창녕 우포 따오기복원센터 ⓒ 김성진

새끼. 따오기복원센터에서 태어났다.
2012.4.16. 경남 창녕 우포
따오기복원센터 ⓒ 김성진

저어새

Black-faced Spoonbill | *Platalea minor* |
저어새과(Threskiornithidae)

- 천연기념물
- 멸종위기 야생생물 Ⅰ급
- 적색자료집 멸종위기(EN)
- 전 세계 개체수: 4,864(증가 추세)

1994년에는 전 세계에 300마리밖에 없었으나, 이후 국제적 보호 노력으로 개체수가 꾸준히 증가했다. 우리나라에서는 1991년 6월 전남 칠산도에서 번식이 확인된 이후 연평도와 강화 사이 비무장지대의 비도, 석도, 유도 그리고 연평도 인근의 구지도 등지에서 번식이 확인되었다. 2009년 이후에는 인천 남동유수지 인공 섬에서도 번식한다. 북한에서는 평안북도 정주군 대감도와 소감도, 평안남도 온천군 덕도, 황해남도 각회도, 함박섬에서 번식한다. 베트남, 홍콩, 대만, 한국, 일본 등지에서 겨울을 나며, 우리나라에는 3월 중순에 찾아와 11월 초순까지 머문다.

노랑부리저어새 무리에 섞여 겨울을 나기도 한다. 3월부터 무인도 바위나 땅에 둥지를 지으며 4월에 알을 2~3개 낳는다. 26일 동안 알을 품으며, 새끼는 부화하고 약 40일이 지나면 둥지를 떠난다. 물 고인 갯벌, 하구, 논 등 습지처럼 비교적 물이 얕은 곳에서 주걱 같은 부리를 좌우로 휘저으며 먹이를 찾는다. 눈앞으로 넓게 검은 피부가 드러나 있어 부리와 눈이 붙은 것처럼 보인다. 눈앞에는 작고 노란 반달 모양 반점도 있다. 가슴은 엷은 노란색을 띠며, 뒷머리에 엷은 노란색 댕기가 있다. 몸길이는 73.5cm이다.

칠산도는 저어새의 가장 남쪽 번식지 중 하나이다.
2016.5.14. 전남 영광 칠산도

사람이 접근하기 어려운 접경 지역의 무인도
(강화, 옹진 일대)에서 대부분 번식한다.
2018.6.17. 인천 강화 각시암 ⓒ 김은정

갯벌에서 먹이 활동을 하다가 만조 때에는
천적이 접근하기 어려운 곳에 모여 쉰다.
2020.8.23. 인천 강화 선두리

부리는 길며 끝부분이 주걱같이 생겼다.
2015.6.13. 경기 강화 조강리

어린새. 어른새와 달리 그해 태어난 어린새는 날개깃 끝부분에 검은 무늬가 선명하다. 2015.7.11. 경기 파주 공릉천 하류

수심이 얕은 습지에서 부리를 좌우로 휘저으며 먹이를 찾는다. 2015.5.15. 경기 파주 공릉천 하류

어린새. 부리 색이 옅으며 물결 모양 주름이 없다. 2020.8.22. 인천 강화 선두리

모가 크게 자라기 전에는 논에서도 왕성하게 먹이를 찾는다. 2018.6.10. 경기 파주 공릉천 인근 논

노랑부리저어새

Eurasian Spoonbill | *Platalea leucorodia* |
저어새과(Threskiornithidae)

- 천연기념물
- 멸종위기 야생생물 II급
- 세계 개체수: 6만 3,000~6만 5,000

아프리카 북부, 유라시아 대륙 중부, 인도에서 번식하고 아프리카 북부, 중국 동남부, 한국, 일본 등지에서 겨울을 난다. 우리나라에는 대략 300마리 미만이 10월 중순에 찾아와 3월 하순까지 천수만, 낙동강, 주남저수지, 해남, 제주 하도리와 성산포에서 머물다 간다. 얕은 물속에 부리를 넣고 좌우로 휘저으며 작은 물고기, 새우, 게, 물속 곤충 등을 잡는다. 부리를 등에 파묻고 잠잔다. 부리와 다리를 제외하고 몸은 다 희다. 눈앞 검은 부분은 폭이 좁아 눈 주위가 완전히 검은 저어새와 구별된다. 턱 밑으로 노란색 피부가 드러나 보인다. 앞가슴에 노란색 띠가 있다. 번식기에는 뒷머리에 흰색 댕기가 늘어진다. 몸길이는 86cm이다.

어른새. 2003.12.31.
충남 서산 천수만

먹이 활동을 하다 종종 농경지
한가운데에서 쉰다.
2018.1.5. 전남 진도 덕병리

어린새. 2012.1.12. 전남 신안 증도 ⓒ 고경남

먹이를 찾아 이동할 때 무리를 이룬다.
2009.6.20. 몽골 바양노르

대백로. 날아갈 때 황새과, 두루미과, 저어새과는 목을 길게 빼는
반면 백로과는 목을 S자로 구부린다. 2007.2.20. 충남 서산 천수만

부리를 좌우로 휘저으며 작은 어류, 새우, 게, 수서곤충 등을 잡아먹는다.
2016.12.25. 부산 명지갯벌

수컷. 209.9.17. 전남 신안 흑산도

큰덤불해오라기

Von Schrenck's Bittern | *Ixobrychus eurhythmus* | 백로과(Ardeidae)

시베리아 동부, 중국 동부, 사할린, 한국에서 번식하고 동남아시아, 필리핀에서 겨울을 난다. 우리나라에는 5월 하순에 찾아와 9월 하순까지 머문다.
하천, 호수, 논에서 지낸다. 낮에는 갈대와 덤불이 무성한 곳에서 쉬다가 저녁부터 이른 아침까지 활발히 활동한다. 주로 물고기, 개구리, 곤충을 잡아먹는다. 풀밭에 있는 죽은 초본을 재료 삼아 밥그릇 모양으로 둥지를 짓는다. 알을 4~6개 낳고, 16~18일 동안 품는다.
홍채는 엷은 황색이며 뒤쪽으로 작고 검은 점이 있어 동공과 연결된 것처럼 보인다. 발목 바로 위 정강이 부분은 깃털이 덮여 있지 않아 드러나 있다. 수컷은 이마에서 정수리까지 검은색이 돌며, 몸 윗면은 고르게 적갈색이고, 날개덮깃은 회갈색이다. 암컷은 몸 윗면이 갈색이며, 흰색 반점이 조밀하고, 목에 갈색 세로줄이 5줄 있다. 몸길이는 35~38.5cm이다.

수컷. 위험을 느끼면 목을 길게 빼고 식물 줄기처럼 보이도록 한다.
2010.6.6. 경기 화성 시화호 ⓒ 백정석

- 멸종위기 야생생물 II급
- 전 세계 개체수:
  2만 5,000 이하

암컷. 2009.9.15. 전남 신안 흑산도

붉은해오라기

Japanese Night Heron | *Gorsachius goisagi* | 백로과(Ardeidae)

- 멸종위기 야생생물 II급
- 적색자료집 취약(VU)
- 전 세계 개체수: 1만 이하

일본 혼슈, 규슈 등지에서 번식하며 필리핀, 술라웨시, 대만에서 겨울을 난다. 우리나라에는 주로 4월 하순에 찾아와 5월 초순까지 머문다. 인천 소청도, 충남 외연도, 전남 홍도, 부산, 제주도 등지에서 관찰된 희귀한 나그네새였으나, 2009년 부산 구봉산과 제주에서 번식이 확인되었다.

나무가 무성한 구릉이나 낮은 산에서 홀로 생활한다. 산지 숲에서 번식하며, 산간 계류와 습지에서 먹이를 찾는다. 알을 3~4개 낳고, 20~27일간 품는다. 몸 윗면은 어두운 갈색이며, 몸 아랫면은 엷은 갈색이고, 멱에서 배까지 흑갈색 세로줄무늬가 몇 줄 있다. 부리는 검은색이며 짧고 굵다. 눈앞은 엷은 하늘색이며, 정수리는 흐릿하게 검은빛이 도는 적갈색이다. 날개에 눈에 띄는 검은 줄무늬가 있다. 몸길이는 49cm이다.

이동 시기에는 산림 또는 산림 가장자리 풀밭에서 먹이를 찾는다.
2021.5.2. 충남 보령 외연도

홀로 생활하며,
몸 전체가 갈색이어서 눈에 잘 띄지 않는다.
2015.5.30. 전북 군산 어청도 ⓒ 이용상

습한 곳에서 지렁이, 곤충 등을 먹다가
놀라면 숲속 나뭇가지 위로 달아난다.
2021.4.24. 충남 보령 외연도

탁 트인 농경지에서 지내는 다른 백로류와 달리
습하고 어두운 산속에서 생활한다. 2021.4.19.
부산 대신공원 ⓒ 김병일

노랑부리백로

Chinese Egret | *Egretta eulophotes* | 백로과(Ardeidae)

- 천연기념물
- 멸종위기 야생생물 Ⅰ급
- 적색자료집 취약(VU)
- 전 세계 개체수: 2,500~1만

중국 산둥반도와 보하이만, 두만강과 인접한 러시아 일부 섬에서 번식하지만 생존 개체 대부분은 한반도 서해 도서에서 번식한다. 우리나라에서는 인천 옹진 신도, 서만도, 섬업벌(어평도), 충남 보령 목도, 전남 칠산도 등지에서 1,000~1,600마리가 번식한다. 북한에서는 평안북도 정주군 대감도, 소감도와 선천군 납도, 묵이도 등지에서 번식한다. 태국, 베트남, 말레이반도, 싱가포르, 보르네오, 인도네시아, 필리핀에서 겨울을 난다. 우리나라에는 4월 초순에 찾아와 10월 초순까지 머문다.

대개 무인도에서 번식하므로 무분별한 사람 출입이나 토끼, 시궁쥐 같은 외래종 유입은 번식을 위협하는 요인이 된다. 주로 물이 고인 모래와 진흙이 섞인 갯벌에서 작은 물고기나 새우를 찾아 먹는다. 사냥할 때는 고개를 옆으로 비틀어 뛰어가거나 날개를 약간 펼쳐 그늘을 만들고는 약간 빠르게 전진한다. 둥지는 마른 나뭇가지를 써서 관목이나 땅에 접시 모양으로 엉성하게 짓는다. 6월 하순에 청록색 알을 3~4개 낳고 24~26일 동안 품는다.

부리는 오렌지 빛을 띠며, 눈앞 피부가 드러난 곳은 푸른색이다. 뒷머리, 등, 가슴에 긴 장식깃이 있다. 발가락은 밝은 노란색이지만 노란 부분이 쇠백로처럼 발목 위까지 퍼지지는 않는다. 몸길이는 65cm이다.

쇠백로와 달리 부리가 오렌지색이다.
2007.4.18. 전남 신안 흑산도

어른새. 2007.4.24. 충남 홍성 ⓒ 김신환

어린새. 쇠백로와 비슷하지만 부리가 완만하게 가늘어지며, 윗부리 기부 색이 밝고, 아랫부리 2/3 정도가 노란색이다. 다리는 녹황색이다. 2020.8.23. 인천 강화 선두리

둥지. 인천 옹진 ⓒ 서정화

어른새. 번식이 끝나면 뒷머리, 등, 가슴에 있는 긴 장식깃이 떨어져 나가며, 부리와 다리 색도 변해 생김새가 어린새와 비슷해진다. 2018.4.24. 전남 신안 흑산도

사냥터 근처 튀어나온 곳에서 휴식한다.
2017.9.9. 제주 서귀포 ⓒ 진경순

물수리

Western Osprey | *Pandion haliaetus* | 물수리과(Pandionidae)

- 멸종위기 야생생물 II급
- 전 세계 개체수: 10만~50만

극지방, 오스트레일리아, 술라웨시를 제외한 전 세계에 분포한다. 우리나라에는 9월 중순부터 찾아와 5월 중순까지 관찰되는 나그네새였으나, 2016년 제주도에서 번식이 확인되었다.

해안이나 하구, 호수에서 물고기를 사냥하며 지낸다. 수면 위를 유유히 날다가 물고기를 발견하면 정지 비행해서 양다리를 밑으로 늘어뜨리고 날개는 절반쯤 접어 빠르게 물속으로 돌진해 먹이를 낚아챈다. 머리는 흰색이며 눈선과 옆목, 등은 전체적으로 흑갈색이다. 몸 아랫면은 흰색이다. 가슴 위쪽으로 갈색 띠가 있으며, 수컷은 갈색 띠가 좁고, 암컷은 넓은 편이다. 몸길이는 수컷 54cm, 암컷 64cm이다.

어린새. 2009.10.30.
충남 서산 천수만 ⓒ 김신환

벌매

Oriental Honey Buzzard | *Pernis ptilorhynchus* | 수리과(Accipitridae)

몽골 동남부, 중국 허베이성, 바이칼호에서 아무르강 하류, 우수리강 유역, 사할린, 일본, 인도, 스리랑카, 필리핀을 비롯한 동남아시아 등지에서 번식하고, 동남아시아와 중국 남부에서 겨울을 난다. 우리나라에서는 주로 봄(4월 말~6월 초순)에 거제도, 부산 등 동남부 지역에서, 가을(9월 중순~10월 중순)에는 소청도, 어청도, 홍도 등 서부 지역에서 관찰되는 나그네새이지만, 적은 수가 깊은 산림 지대에서 번식하기도 한다.

이동 시기에는 큰 무리를 지으며, 왕새매와 함께 이동하기도 한다. 숲 가장자리, 울창한 산림에서 지내며 곤충이나 개구리, 뱀 같은 양서·파충류를 사냥한다. 특히 땅에 있는 벌집을 파서 다 자란 벌은 물론 알이나 애벌레, 번데기도 먹는다. 깃색은 변이가 다양해 암색형(짙은 색), 담색형(엷은 색), 중간형이 있다. 목이 길고, 날개도 몸에 비해 길며 폭이 넓다. 꼬리는 약간 길며 둥글다. 몸길이는 수컷은 57cm, 암컷은 60.5cm이다.

어른새 수컷. 2013.10.4. 인천 옹진 소청도 ⓒ 박대용

- 멸종위기 야생생물 II급
- 전 세계 개체수: 정확한 데이터 없음

벌매의 주요 이동 경로

→ 봄철 이동경로
→ 가을철 이동경로
■ 번식지
■ 월동지

어린새를 키우는 어른새.
주로 벌 애벌레를 잡아먹어서
벌매라고 한다.
2020.8.25. 충남 예산 ⓒ 최혁준

어린새. 2020.9.3. 충남 예산 ⓒ 최혁준

깃 색깔 변이

담색형. 2013.10.4.
인천 옹진 소청도

중간형. 2006.9.24.
전남 신안 홍도

암색형. 2013.10.4.
인천 옹진 소청도
ⓒ 진경순

2010.12.12. 강원 철원 백마고지 인근

독수리

Cineneous Vulture | *Aegypius monachus* | 수리과(Accipitridae)

유럽 남부, 중앙아시아, 티베트, 몽골, 중국 북동부에서 지낸다. 우리나라에는 11월 중순에 찾아와 3월 중순까지 머문다. 철원평야, 임진강 유역(장단반도), 경기 연천, 문산, 파주, 포천, 양구와 경남 고성 일대에서 주로 겨울을 나며, 충남 서산 천수만, 낙동강 하구, 전남 해남, 제주도에도 적은 수가 찾아온다. 돼지 사육장, 양계장 등 농가 주변에서 무리 지어 지내며, 버려진 죽은 동물을 즐겨 먹는다. 날갯짓을 하지 않고 상승 기류를 탄 채 오랫동안 비행하면서 먹이를 찾는다. 깃이 전체적으로 어두운 갈색을 띠어 몸 전체가 검은색으로 보인다. 머리 위에 솜털처럼 흐린 깃털이 있다. 납막은 엷은 하늘색이다. 목 주변은 피부가 드러나 있다. 날개는 폭이 넓으며 길고, 꼬리는 상대적으로 짧다. 우리나라를 찾는 수리 중 가장 크며, 몸길이는 110cm이다.

어른새. 어린새와 비슷하지만 솜털 같은 머리 깃털이 갈색이다.
2021.2.21. 강화 교동도

- 천연기념물
- 멸종위기 야생생물 II급
- 적색자료집 준위협(NT)
- 전 세계 개체수: 1만 5,600~2만 1,000

둥지. 2009.6.14. 몽골 에르덴산트

까치가 자기보다 덩치가 몇 배 더 큰 독수리를 괴롭혀
자기 영역에서 쫓아내고 있다.
2005.11.19. 경기 파주 장단반도

보통 무리를 이루어 월동하며,
주로 양계장, 양돈장 등 축사 주변에서 먹이를 찾는다.
2010.12.12. 강원 철원 백마고지 인근

항라머리검독수리
Greater Spotted Eagle | *Clanga clanga* | 수리과(Accipitridae)

동부 유럽에서 이란 북부, 중국 동북부, 우수리 지방에서 번식한다. 우리나라에는 매우 적은 수가 10월 초순부터 찾아와 통과하거나, 겨울을 나며 3월 중순까지 머문다.
습지, 갈대밭, 하천, 농경지 근처 산림에 산다. 주로 습지에서 원을 그리고 범상* 하며 먹이를 찾는다. 개구리, 뱀 같은 양서·파충류와 쥐나 오리를 잡아먹으며, 죽은 동물도 먹는다. 전체적으로 흑갈색이고, 위꼬리덮깃은 흰색이며 폭 좁은 'U'자 모양이다. 몸 윗면 첫째날개깃 기부의 깃축(깃털 줄기)은 흰색이다. 몸 아랫면 첫째날개깃 기부는 폭이 좁고 흰색이며, 날개덮깃은 날개깃보다 색이 더 짙다. 몸길이는 수컷 67cm, 암컷 70cm이다.

* 범상(soaring): 날개를 펴고서 기류를 타고 상승하는 비행 방식

어린새. 2009.11.5. 충남 서산 천수만 ⓒ 진경순

- 멸종위기 야생생물 II급
- 적색자료집 취약(VU)
- 전 세계 개체수: 5,000~1만 3,200

어린새. 국내에서는 대부분 어린새가 겨울을 나며 어른새는 극히 드물다. 어린새의 등, 날개덮깃, 어깨깃에 크고 작은 흰색 반점이 흩어져 있어 다른 종과 쉽게 구별된다.
2020.11.7. 인천 강화 교동도 ⓒ 백정석

어른새. 2004.1.15. 충남 서산 천수만 ⓒ 이해순

흰죽지수리

Eastern Imperial Eagle | *Aquila heliaca* | 수리과(Accipitridae)

유럽 남부, 러시아 남부, 시베리아 중앙부, 몽골, 인도 북서부에서 번식한다. 우리나라에는 10월 초순부터 찾아와 통과하거나, 겨울을 나며 3월 중순까지 머문다.
습지, 하구, 넓은 농경지에서 볼 수 있다. 대개 농경지나 숲 가장자리 나무에 앉아서 쉬며, 공중을 빙글빙글 돌면서 땅에 있는 먹이(작은 포유류나 오리, 도마뱀, 뱀 등)를 찾는다. 검독수리와 비슷하지만 꼬리가

어린새. 놀랍게도 기러기 날개 뼈를 통째로 삼켜 소화시킨다.
2020.1.1. 인천 강화 교동도 ⓒ 백정석

- 멸종위기 야생생물 II급
- 적색자료집 취약(VU)
- 전 세계 개체수: 3,500~1만 5,000

짧으며, 머리와 뒷목의 황갈색이 검독수리보다 엷다. 전체적으로 흑갈색을 띠며, 어깨에 흰색 반점이 몇 개 있다. 날개폭이 고르게 넓으며 날개 끝이 사각형이다. 아랫날개덮깃은 검은색으로 보인다. 꼬리 기부는 색이 엷고 가느다란 줄무늬가 조밀하다. 몸길이는 수컷 77cm, 암컷 83cm이다.

어린새. 전체적으로 짙은 황갈색이며 어깨, 등,
날개덮깃에 황갈색 줄무늬가 흩어져 있다.
날개깃, 큰날개덮깃, 첫째날개덮깃 끝을 따라 폭 넓게 흰 부분이 있다.
2011.12.1. 경기 화성 시화호 ⓒ 백정석

어린새. 몸 안쪽의 첫째날개깃 3장은 색이 연하다.
2019.12.10. 부산 낙동강 하구 ⓒ 이동희

산림 가장자리 나뭇가지에 앉아
농경지에 사는 먹이를 찾는다.
2011.1.23. 충남 서산 천수만
ⓒ 김신환

날 때 날개와 꼬리에 있는 폭 넓은 무늬가 뚜렷하게 보인다.
2021.1.16. 충남 서산 간월호

- 천연기념물
- 멸종위기 야생생물 Ⅰ급
- 전 세계 개체수: 6만~10만

검독수리

Golden Eagle | *Aquila chrysaetos* | 수리과(Accipitridae)

아프리카 북부, 북아메리카, 유라시아 대륙 등에 산다. 우리나라에서는 과거 경기 예봉산, 천마산, 전북 내장산, 도집봉 등지에서 소수가 번식한 텃새였으나, 오늘날에는 번식 기록이 없고 적은 수가 날아와 겨울을 난다.

주로 산악 지대에서 번식하지만 겨울에는 하천이나 해안, 평야에서 지내며, 오리류, 꿩, 산토끼 등을 사냥한다. 몸은 전체적으로 흑갈색이며 얼굴은 검고, 정수리에서 뒷목까지는 적갈색을 띠는 금색이다. 가운데날개덮깃과 몸 안쪽 큰날개덮깃은 색이 연하다. 부리는 검은색이며 납막은 연한 황색이다. 어린새는 날개깃과 꼬리 기부에 폭이 넓은 흰색 무늬가 있다. 몸길이는 수컷 78~86cm, 암컷 85~95cm이다.

부상당한 큰기러기를 사냥하는 검독수리.
몽골 대초원에서는 검독수리를 길들여 주로 여우나 토끼를 사냥한다.
2008.1.26. 충남 서산 천수만 ⓒ 곽호경

어린새. 2021.1.16.
충남 서산 간월호 ⓒ 김은정

겨울철에는 드넓은 농경지에서
오리, 기러기 종류를 사냥한다.
2009.1.12. 전남 해남 영암호

주변이 탁 트인 바위산에
앉아 있다가 여우, 토끼 등이
보이면 사냥한다.
2012.6.17. 몽골 ⓒ 고경남

어른새. 쐐기 모양 흰색 꼬리가 특징이다. 2010.1.23.
강원 강릉 남대천 ⓒ 황재홍

- 천연기념물
- 멸종위기 야생생물 I급
- 전 세계 개체수: 6만~10만

흰꼬리수리

White-tailed Eagle | *Haliaeetus albicilla* |
수리과(Accipitridae)

유라시아 대륙 북반부에 폭넓게 분포한다. 우리나라에는 10월 초순에 찾아와 3월 하순까지 머문다.
해안, 하구, 하천, 넓은 농경지에서 홀로 또는 2~3마리가 함께 생활한다. 주로 물고기를 먹지만 죽은 동물도 먹는다. 몸 전체가 갈색이며 머리와 목 부분은 엷은 황갈색이다. 부리는 크고 노란색이며, 높이가 참수리보다 낮다. 발목은 노란색이며, 깃털이 덮여 있지 않다. 꼬리는 흰색에 쐐기 모양이다. 어린새는 날개덮깃과 등깃이 때 묻은 듯한 흰색이며, 깃 끝은 검은색이다. 부리는 검은색이며 눈앞은 황백색이다. 꼬리는 흑갈색이며 깃 안쪽에 흰색 무늬가 있다. 몸길이는 수컷 84.5cm, 암컷 90cm이다.

어른새. 2019.1.5. 강원 강릉 남대천 ⓒ 박대용

주로 하구, 하천에서 물고기를 사냥하지만 넓은 농경지 위를 날며 먹이를 찾기도 한다.
2011.12.17. 강원 철원 ⓒ 백정석

미성숙한 개체는 검독수리와 혼동되지만 발목 아랫부분에 깃털이 없어 구별된다. 노란색 발목이 눈에 띈다. 2014.1.19. 충남 태안 천수만 ⓒ 한종현

2021.1.20.
경기 파주 공릉천 ⓒ 김은정

어른새. 2007.10.18. 전남 신안 홍도 ⓒ 빙기창

참수리

Steller's Sea Eagle | *Haliaeetus pelagicus* |
수리과(Accipitridae)

- 천연기념물
- 멸종위기 야생생물 I급
- 적색자료집 취약(VU)
- 전 세계 개체수: 3,600~3,800

캄차카반도부터 오호츠크해를 따라 남쪽으로 사할린에 걸쳐 번식하고 우수리강, 한국, 일본의 해안 습지, 하구에서 겨울을 난다. 우리나라에는 극히 적은 수가 11월 초순에 찾아와 3월 하순까지 머문다. 해안, 하구, 하천 등지에 살며 주로 물고기를 먹지만 죽은 동물도 먹는다. 몸 전체는 흑갈색이지만 이마와 어깻죽지, 발목, 꼬리, 아래꼬리덮깃은 흰색이다. 부리는 노란색이며 흰꼬리수리보다 더 높다. 홍채 또한 노란색이다. 몸길이는 수컷 76~90cm, 암컷 86~98cm이다.

어른새. 다 자라면 어깻죽지와 꼬리가 흰색을 띤다.
2020.12.21. 경기 하남 미사리 ⓒ 박대용

어른새. 수면을 바라보다가 수면 위로 떠오르는 물고기를 두발로 낚아챈다.
2020.12.21. 경기 하남 미사리 ⓒ 박대용

어린새. 2011.1.23. 강원 양양 남대천

미성숙 개체. 흰꼬리수리와 혼동되지만 노란색 부리가 더 두툼하며, 꼬리는 쐐기 모양이다.
2011.1.9. 강원 강릉 경포호 ⓒ 김준철

어른새. 2013.2.27. 강원 강릉 주문진 향호 ⓒ 황재홍

붉은배새매

Chinese Sparrowhawk | *Accipiter soloensis* | 수리과(Accipitridae)

중국 동남부와 우수리 지역 남부, 한국에서 번식하고 중국 남동부, 동남아시아에서 겨울을 난다. 과거 우리나라에서는 약간 흔한 여름철새였지만 번식하는 수가 크게 줄었다. 5월 초순에 찾아와 번식하며 9월 하순까지 머문다.

숲 가장자리 또는 낮은 산에서 지내며 주로 밤나무, 소나무에 둥지를 튼다. 산란기는 5월이며 보통 알을 3~4개 낳고 약 24일 동안 품는다. 알에서 새끼가 깨어나면 20~22일 동안 돌본다. 둥지 근처 개울과 논에서 개구리나 곤충을 잡아먹는다. 봄, 가을 이동 시기에는 큰 무리를 이루어 하늘 높이서 범상과 활공

수컷. 2009.5.11. 전남 신안 흑산도

- 천연기념물
- 멸종위기 야생생물 II급
- 전 세계 개체수: 22만 6,000~35만

을 번갈아 하며 미끄러지듯이 빠르게 이동한다.
몸 윗면은 어두운 청회색이다. 가슴은 엷은 등황색이며 아랫배 밑으로 흰색을 띤다. 성별과 연령에 관계없이 아랫날개덮깃은 엷은 등갈색이고 줄무늬가 없다. 납막은 매우 크며 주황색이다. 홍채는 수컷 암갈색, 암컷 황색이다. 몸길이는 수컷 27.5~28.5cm, 암컷 28.5~31cm이다.

* 활공(gliding): 날갯짓을 하지 않고 공중에서 미끄러지듯 나는 비행 방식

어린새. 2016.8.14. 경기 고양 일산호수공원

암컷. 산림 가장자리에서 개구리, 곤충을 잡아먹는다. 농경지 감소에 따른 먹이 부족, 서식지 감소 등으로 개체수가 크게 줄고 있다.
2008.5.20. 전남 신안 흑산도

울창한 산림 내부에서 번식하며, 참나무, 밤나무 등 큰 나무에 둥지를 튼다.
알을 3~4개 낳으며 부화한 새끼는 흰색 솜털로 덮여 있다.
경기 광주 퇴촌 ⓒ 서정화

이동. 2008.5.8. 전남 신안 흑산도

붉은배새매의 주요 이동 경로

→ 봄철 이동경로
→ 가을철 이동경로
■ 번식지
■ 월동지

봄, 가을 이동 경로가 다르다. 봄철(5월)에는 중국 동부 해안에서 한반도로 많은 수가 무리 지어 들어오며, 가을철(9월)에는 봄철과 달리 남해안을 지나 일본을 경유해 동남아시아로 이동한다.

수컷. 2006.7.7. 충남 홍성

암컷. 2006.5.19. 전남 신안 홍도

조롱이

Japanese Sparrowhawk | *Accipiter gularis* |
수리과(Accipitridae)

- 멸종위기 야생생물 II급
- 전 세계 개체수: 정확한 데이터 없음

몽골 북부에서 아무르강, 우수리강, 중국 동부, 한국, 사할린에서 번식하고 중국 남부, 동남아시아에서 겨울을 난다. 우리나라에는 4월 초순에 찾아오며 11월 하순까지 드물게 관찰된다. 평지와 산지 산림에서 지내며 작은 새나 곤충 등을 잡아먹는다. 6월 초에 알을 3~5개 낳으며, 25~28일 동안 품는다.
몸 윗면은 어두운 청회색이며, 멱에 가는 흑갈색 세로줄무늬가 한 줄 있다. 성별과 연령에 관계없이 노란색 눈테가 뚜렷하다. 날 때는 바깥쪽 첫째날개깃 5장이 붙어 있지 않고 갈라진다. 수컷은 몸 윗면이 청흑색이고, 몸 아랫면은 흰색이며, 가슴과 옆구리는 엷은 주황색이다. 홍채는 어두운 적색이며 납막은 황색이다. 암컷은 몸 윗면이 수컷보다 약간 엷은 청흑색이며, 몸 아랫면은 흰색 바탕에 폭이 넓은 흑갈색 가로줄무늬가 흩어져 있다. 홍채는 황색이다. 몸길이는 수컷 26~27.5cm, 암컷 30~32cm이다.

수컷. 2004.10.24. 전남 신안 홍도

암컷. 2006.6.29. 충남 홍성 ⓒ 서정화

솜털로 덮인 새끼에게 먹이를 주는 암컷
2006.7.7. 충남 홍성 ⓒ 서정화

어린새. 날 때는 바깥쪽 첫째
날개깃 5장이 붙어 있지 않고
갈라진다.
2013.10.4. 인천 옹진 소청도
ⓒ 박대용

어린새. 2004.10.24. 전남 신안 흑산도

암컷. 수컷보다 뚜렷하게 크며, 흰색 눈썹선도 더 길다.
2013.3.2. 서울 송파 ⓒ 김준철

수컷. 2005.12.30. 경기 하남 미사리 ⓒ 서정화

새매

Eurasian Sparrowhawk | *Accipiter nisus* | 수리과(Accipitridae)

- 천연기념물
- 멸종위기 야생생물 II급
- 전 세계 개체수: 정확한 데이터 없음

유럽, 아프리카, 중동, 시베리아, 캄차카반도, 중국 동부, 히말라야, 일본에서 번식한다. 우리나라에서는 2015년 5월 경기 포천에서 처음 번식이 확인된 이후 경기 광주, 양평 일대에서도 번식했다. 10월 초순에 찾아오며 5월 하순까지 보이는 흔한 나그네새이며 겨울철새다.

평지에서부터 아고산대 산림에서 지내며, 비번식기에도 혼자 생활한다. 작은 곤충이나 새, 쥐 등을 잡아먹는다. 울창한 산림에서 번식하며, 알을 4~5개 낳고 32~34일 동안 품는다.

노란색 눈테가 조롱이보다 폭이 좁으며, 멱에 흑갈색 세로줄무늬가 여러 줄 있다. 날 때 바깥쪽 첫째날개깃 6장이 붙어 있지 않고 갈라진다. 수컷은 몸 윗면이 청흑색이며, 귀깃 아랫부분과 가슴 옆에 주황색 부분이 있다. 몸 아랫면은 흰색이며 주황색 가로줄무늬가 있다. 홍채는 오렌지색을 띠는 황색이다. 암컷은 몸 윗면이 회갈색을 띠며, 흰색 눈썹선이 수컷보다 더 뚜렷하다. 몸 아랫면은 흰색 바탕에 가는 흑갈색 가로줄무늬가 흩어져 있다. 홍채는 황색이다. 몸길이는 수컷 33~34.5cm, 암컷 40~41cm이다.

우거진 숲에서 알을 낳고
새끼를 키운다. 2015.6.21.
경기 포천 ⓒ 강승구

날 때 바깥쪽 첫째날개깃 6장이 붙어 있지 않고 갈라진다. 2011.12.3. 경기 화성 시화호 ⓒ 백정석

어린새. 2010.10.17. 인천 옹진 덕적도 ⓒ 진경순

참매

Northern Goshawk | *Accipiter gentilis* | 수리과(Accipitridae)

- 천연기념물
- 멸종위기 야생생물 II급
- 전 세계 개체수: 128만~169만

유라시아 대륙과 북아메리카에 걸쳐 폭넓게 분포한다. 우리나라에서는 2006년 3월 이후 충북 충주를 비롯해 전국 각지에서 번식이 확인되었다. 10월 초순에 찾아오며 3월 하순까지 머물고, 일부는 텃새로 자리 잡았다.

들녘 주변 야산 또는 깊은 산 가장자리에서 살며 작은 조류와 포유류를 잡아먹는다. 겨울에는 개울, 강가, 습지 등지로 나와 낮은 나뭇가지에 앉아 있다가 오리 종류나 멧비둘기 등을 사냥하기도 한다. 둥지는 높은 나뭇가지에 튼다. 알을 2~4개 낳고, 대부분 암컷이 품는다. 새끼는 알을 품은 지 36~38일이면 부화한다.

수컷은 몸 윗면이 어두운 청회색이며, 몸 아랫면은 흰색 바탕에 가는 흑갈색 줄무늬가 있다. 흰색 눈썹선이 뚜렷하며, 꼬리가 길다. 암컷은 수컷보다 몸이 더 크고 몸 윗면은 더 갈색이 돈다. 또한 수컷 머리와 눈선의 검은색이 암컷보다 진하지만 암수를 쉽게 구별하기는 어렵다. 몸길이는 수컷 50~52cm, 암컷 57~58cm이다.

어른새. 2012.12.19.
경기 화성 시화호 ⓒ 백정석

매사냥하는 주인이 자기 매라는 것을 표시하고자
꼬리에 붙이는 표식을 '시치미'라고 한다. 시치미를 떼고
남의 매를 슬쩍 가로채는 경우도 있었는데
'시치미 뗀다'라는 말은 여기에서 유래했다.
2018.12.11. 세종 합강리 일대 장남평야 ⓒ 안광연

어른새. 2021.2.26. 경기 고양 내유동

어린새. 2013.11.2. 전남 신안 가거도 ⓒ 고경남

예전에는 겨울철새로 찾아왔지만 번식하는 개체가 늘고 있다.
큰 나무가 무성한 산림에 둥지를 튼다. 2016.6.11. 충남 대전 식장산 ⓒ 안광연

어린새. 2008.10.2. 전남 신안 칠발도

125

수컷. 2009.6.19. 몽골 바양누르

- 천연기념물
- 전 세계 개체수: 정확한 데이터 없음

개구리매

Eastern Marsh Harrier | *Circus spilonotus* |
수리과(Accipitridae)

러시아 극동 남부, 몽골, 중국 동남부, 사할린에서 번식하고, 동남아시아에서 겨울을 난다. 우리나라에는 9월 중순에 찾아와 3월 하순까지 드물게 보이는 나그네새이자 겨울철새다. 농경지를 비롯한 습지 위를 낮게 날아다니며 작은 새, 곤충 등을 잡아먹는다. 날개를 위로 들어 올린 모습이 꼭 V자 모양을 만든다. 깃색 변이가 심하다. 수컷은 얼굴이 검고 뒷머리, 목, 윗가슴에 검은색 줄무늬가 있다. 몸 윗면은 전체적으로 흑갈색이며 등깃 일부와 날개덮깃 끝에 회백색 반점이 흩어져 있다. 암컷은 머리와 목에 흑갈색 줄무늬가 있다. 몸 윗면은 흑갈색 바탕에 붉은빛이 돌며, 첫째날개깃은 엷은 회색, 둘째날개깃은 검은색 줄무늬가 있는 엷은 회색이다. 몸 아랫면은 때 묻은 듯한 흰색 바탕에 황갈색 또는 적갈색 줄무늬가 아랫배까지 흩어져 있다. 첫째날개깃 아랫면은 줄무늬가 매우 흐릿하다. 개구리매 종류 중에서 가장 크며 몸길이는 수컷 48cm, 암컷 58cm이다.

어린새. 머리, 뺨, 뒷목, 멱은 크림색을 띤다. 몸 아랫면 날개덮깃에는 흰색과 적갈색이 흩어져 있다. 가슴에 크림색이 흩어져 있고, 아랫배는 적갈색이다. 2016.9.24. 경기 파주 공릉천 하류 ⓒ 변종관

어린새. 머리를 땅으로 향한 채 갈대밭, 농경지 위를 낮게 날며 먹이를 찾는다.
2016.9.24. 경기 파주 공릉천 ⓒ 변종관

미성숙 수컷. 암컷처럼 생겼다.
알락개구리매와 비슷하지만 등깃과 날개덮깃이
흑갈색이며, 깃 가장자리는 엷은 갈색을 띤다.
2021.9.12. 충남 서산 천수만 ⓒ 조흥상

어린새. 2021.8.30.
경기 화성 호곡리 인근 화성호 간척지
ⓒ 변종관

잿빛개구리매

Hen Harrier | *Circus cyaneus* | 수리과(Accipitridae)

- 천연기념물
- 멸종위기 야생생물 II급
- 전 세계 개체수: 정확한 데이터 없음

북아메리카 북부, 유럽, 아시아 북부에서 번식하고, 겨울에 번식지 남쪽으로 이동한다. 우리나라에는 9월 하순에 찾아와 3월 하순까지 머무는 겨울철새다. 날개를 위로 올려 V자를 이룬 채 하구, 습지 갈대밭, 넓은 농경지 등지를 낮게 날아다니며 작은 새, 쥐 등을 잡는다. 암수 모두 허리기 흰색이며 꼬리와 다리가 길다. 수컷은 머리, 등, 꼬리, 가슴이 회색이며, 배는 흰색이다. 날 때 바깥쪽 첫째날개깃 6장이 뚜렷한 검은색으로 보인다. 암컷은 전체적으로 갈색을 띤다. 몸 아랫면은 때 묻은 듯한 흰색 바탕에 갈색 세로줄무늬가 있다. 날개 아랫면은 회백색 바탕에 흑갈색 줄무늬가 흩어져 있다. 꼬리깃에 갈색 가로줄무늬가 있다. 몸길이는 수컷 43~47cm, 암컷 48.5~54cm이다.

수컷. 2011.3.12. 경기 화성 시화호

어린새. 폭이 넓은 흰색 허리가 특징이라 다른 개구리매와 쉽게 구별되지만 미끄러지듯이 멀리 이동하기 때문에 자세히 관찰하기는 어렵다. 2009.11.22. 경기도 화성시 시화호 ⓒ 백정석

어린새. 갈대 위로 빠르게 날아다니며 먹이를 찾는다. 풀줄기나 땅에 앉은 작은 새, 쥐를 발견하면
순식간에 돌진해 긴 발로 움켜잡는다. 2015.11.22. 경기 화성 시화호

수컷. 2011.1.22. 충남 서산 천수만 ⓒ 김신환

수컷. 2011.1.22. 충남 서산시 천수만 ⓒ 김신환

암컷. 2014.11.7. 경기 화성 호곡리 ⓒ 박대용

어린새. 2008.12.14. 전남 해남 산이면 ⓒ 빙기창

알락개구리매
Pied Harrier | *Circus melanoleucos* | 수리과(Accipitridae)

수컷. 2015.7.9. 경기 파주 공릉천 ⓒ 변종관

중국 북동부, 우수리 지역에서 번식하고, 중국 남부, 동남아시아에서 겨울을 난다. 가을철인 9월 초순에서 10월 하순, 봄철인 4월 하순에서 5월 초순에 드물게 우리나라를 지나는 나그네새다. 농경지를 비롯한 습지 위를 낮게 날아다니며 주로 개구리, 곤충을 잡아먹는다. 날개를 위로 들어올려 V자를 이루며 날아다닌다.
꼬리와 다리가 길다. 날개아랫면은 다른 종보다 밝으며, 잿빛개구리매보다 줄무늬가 성기다. 수컷은 머리, 등, 가슴이 검은색이고, 허리는 흰색이며, 홍채는 황색이다. 암컷은 개구리매와 생김새가 비슷하다. 암컷 몸 윗면은 전체적으로 회갈색이며, 몸 아랫면은 흰색 바탕에 흑갈색 세로줄무늬가 있다. 날개덮깃과 꼬리는 청회색 바탕에 흑갈색 줄무늬가 있다. 몸길이는 수컷 41~44cm, 암컷 44~46cm이다.

- 천연기념물
- 멸종위기 야생생물 II급
- 전 세계 개체수: 정확한 데이터 없음

어린새. 2017.11.3. 경북 청도 ⓒ 이동희

어린새. 2019.10.9. 세종 장남평야 ⓒ 이경호

솔개

Black Kite | *Milvus migrans* | 수리과(Accipitridae)

- 멸종위기 야생생물 II급
- 전 세계 개체수: 정확한 데이터 없음

아프리카, 유라시아, 오스트레일리아 등지에 폭넓게 분포한다. 봄과 가을에 드물게 우리나라를 지나는 나그네새이며, 매우 적은 수가 겨울을 나기도 한다. 1999년 거제도 인근 지심도와 2000년 부산시 남구 용호동에서 번식이 확인되었다. 과거에 비해 개체수가 감소했다. 해안가 습지 또는 하구에서 작은 무리를 이루어 날면서 쥐나 새, 양서·파충류, 곤충을 사냥하거나 말뚝에 앉아서 쉰다. 버려진 고기나 생선 등도 먹는다.

몸 전체는 적갈색이 도는 흑갈색이며, 몸 아랫면은 진한 적갈색 바탕에 약간 밝은 세로줄무늬가 있다. 눈 뒤로 검은 눈선이 뚜렷하다. 날개아랫면 첫째날개깃 기부에 흰색 무늬가 선명하다. 어른새 날개덮깃은 색이 바랜 듯한 흰색이어서 어린새처럼 뚜렷한 흰색으로 보이지는 않는다. 꼬리 가운데가 오목하게 들어갔다. 몸길이는 수컷 58.5cm, 암컷 68.5cm이다.

보통 무리 지어 생활하며, 날 때 가운데 꼬리깃이 약간 오목하게 들어간다.
2007.1.14. 충남 서산 천수만 ⓒ 김신환

전깃줄, 말뚝 등에 앉아서 먹이를 찾는다. 2015.8.27. 일본 홋카이도 도호츠호

솔개가 병아리를 채어 간다는 옛말이 있지만 실제로 솔개는 살아 있는 새를 사냥할 만큼 민첩하지는 않다. 2013.2.14. 일본 홋카이도 ⓒ 김신환

어른새. 2014.12.7. 인천 강화 교동도 ⓒ 진경순

- 멸종위기 야생생물 II급
- 전 세계 개체수: 정확한 데이터 없음

큰말똥가리

Upland Buzzard | *Buteo hemilasius* | 수리과(Accipitridae)

남시베리아, 몽골, 만주 서부, 중국 중부, 티베트에서 번식하고 인도 북부, 히말라야, 중국 동부, 한국에서 겨울을 난다. 우리나라에는 적은 수가 10월 중순에 찾아와 3월 하순까지 머문다. 넓은 농경지처럼 탁 트인 환경을 날면서 땅에 있는 곤충이나 쥐, 작은 새를 사냥한다.

몸 아랫면은 흰색이고 가슴과 아랫배에 굵은 갈색 무늬가 있다. 옆구리와 정강이는 진한 갈색이며, 머리는 흰색 바탕에 흐린 갈색 줄무늬가 있다. 홍채는 암갈색이다. 날개깃 끝을 따라 폭이 넓은 검은 띠가 있고, 날개 윗면과 아랫면 첫째날개깃 기부는 폭이 넓은 흰색으로 보인다. 꼬리는 갈색이 섞인 흰색이며, 가느다란 흑갈색 가로줄무늬가 3~5줄 있다. 발목 앞부분에 짧은 갈색 깃털이 덮여 있으며 뒷부분에는 털이 없다. 몸길이는 수컷 61cm, 암컷 72cm이다.

어린새. 2016.1.16. 인천 강화 교동도

흑색형. 2018.1.28. 인천 강화 교동도 ⓒ 김준철

말똥가리류 닮은 종 비교

큰말똥가리
날개 윗면과 아랫면 첫째날개깃
기부가 폭 넓은 흰색으로 보인다.
2016.1.16.
인천 강화 교동도

말똥가리
날개 윗면 첫째날개깃 기부 흰색이
흐릿하다. 2016.2.7.
경기 화성 호곡리 ⓒ 진경순

털발말똥가리
꼬리 끝에 폭 넓은 검은 띠가 있다.
2008.1.25. 경기 하남 미사리
ⓒ 서정화

말똥가리류 발목 비교

종에 따라서 발목에 깃털이 덮인 모양이 다르다. 그러나 간혹 큰말똥가리 중에서도 말똥가리처럼 발목에 깃털이 거의 덮이지 않은 경우도 있다.

큰말똥가리

말똥가리

털발말똥가리

황조롱이

Common Kestrel | *Falco tinnunculus* | 매과(Falconidae)

- 천연기념물
- 전 세계 개체수: 정확한 데이터 없음

극지방을 제외하고 유라시아에서 아프리카, 아시아에 폭넓게 분포한다. 우리나라에서도 흔히 볼 수 있는 텃새다. 정지 비행을 하다가 먹이가 보이면 급강하하며, 주로 쥐와 곤충을 먹는다. 대개는 해안, 강가 또는 산지 바위절벽에 둥지를 틀지만 요즘은 아파트 베란다, 다리 기둥 밑에도 둥지를 튼다. 4월 초순에 알을 4~6개 낳아 27~29일 동안 품는다. 새끼는 부화한 뒤 27~30일 후에 둥지를 떠난다. 비번식기에는 평지로 이동해 혼자 살아간다.

수컷은 머리가 청회색이며, 눈 아래로 검은 수염 모양 뺨선이 뚜렷하다. 등과 날개는 적갈색이며 흑갈색 반점이 흩어져 있다. 꼬리는 청회색이며 끝부분에 폭 넓은 검은색 띠가 있다. 암컷은 몸 윗면이 적갈색이며, 흑갈색 반점이 수컷보다 많다. 꼬리는 적갈색 또는 회갈색이며, 흑갈색 줄무늬가 여러 줄 있다. 몸길이는 수컷 33cm, 암컷 36cm이다.

암컷. 전선줄이나 나뭇가지에 앉아 있다가 쥐를 사냥한다.
2015.9.6. 경기 화성 운평리 ⓒ 진경순

수컷. 2008.10.31.
충남 서산 ⓒ 김신환

맹금류는 사람과 달리 자외선 영역을 볼 수 있다. 쥐 오줌은 자외선을 반사한다. 황조롱이가 공중에서 정지 비행하는 것은 쥐가 남긴 오줌 흔적을 보고 쥐를 사냥하려는 것이다. 2021.3.7. 경기 파주 능안리

어린새. 2016.9.1.
충북 청주 학평리 ⓒ 박대용

새호리기

Eurasian Hobby | *Falco subbuteo* | 매과(Falconidae)

- 멸종위기 야생생물 II급
- 전 세계 개체수: 정확한 데이터 없음

유라시아 한대에서 온대 지역까지 번식하고 아프리카, 인도, 인도차이나반도, 중국 남부에서 겨울을 난다. 우리나라에는 드물게 5월 초순에 찾아오며 10월 하순까지 머무는 여름철새다. 평지 초원, 농경지, 마을 주변 산림에서 지낸다. 둥지는 직접 틀지 않고 묵은 까치 둥지를 비롯해 다른 새의 옛 둥지를 쓴다. 알을 3~4개 낳으며 약 28일 동안 품는다. 새끼는 부화하고 28~32일 후에 둥지를 떠난다. 주로 참새, 제비 등 다른 새의 새끼를 사냥하고, 곤충도 잡아먹는다.
몸 윗면은 청색을 띠는 흑갈색이다. 눈 밑으로 수염 모양 검은 뺨선이 뚜렷하다. 흰색 눈썹선은 폭이 좁고 짧다. 수컷은 가슴이 흰색이며 암컷은 엷은 적갈색이 돈다. 가슴과 배에는 흑갈색 세로줄무늬가 있다. 아랫배, 아래꼬리덮깃, 정강이는 적갈색이다. 날개가 길며, 폭이 좁다. 몸길이는 28~31cm이다.

어른새. 농경지 위를 빠르게 날며
새나 곤충을 잡아먹는다.
2010.10.3. 경기 파주 갈현리

어른새. 2020.8.10.
서울 광진 어린이대공원
ⓒ 박대용

매

Peregrine Falcon | *Falco peregrinus* | 매과(Falconidae)

- 천연기념물
- 멸종위기 야생생물 I 급
- 전 세계 개체수: 정확한 데이터 없음

남극을 제외한 전 세계에 분포한다. 해안이나 섬 절벽에서 번식하는 드문 텃새이며, 겨울철에는 하구, 호수, 농경지에 나타난다. 장애물이 없는 곳에서 급강하 비행이 능숙해 빠르게 이동하는 새를 공중에서 낚아챈다. 3월 하순에 알을 3~4개 낳으며 28~29일 동안 품는다. 번식기에는 수컷이 사냥을 하며 암컷은 새끼를 기르고 둥지를 지킨다.

몸 윗면은 어두운 청회색이며, 몸 아랫면은 흰색에 검은 줄무늬가 있다. 암컷이 수컷보다 크다. 눈밑으로 수염 모양 검은 축반이 선명하다. 납막, 눈테, 다리가 노란색이다. 몸길이는 수컷 40cm, 암컷 49cm이다.

어른새. 2019.1.13.
전남 신안 흑산도 ⓒ 김양모

어른새. 둥지에 접근하면 날카로운 소리를 내며 방어한다.
2008.5.24. 인천 옹진 소청도

어른새. 2021.1.31. 전남 순천만

어린새. 몸 윗면은 엷은 흑갈색이며, 깃 가장자리가 엷은 색이다. 몸 아랫면은 크림색 바탕에 큰 갈색 세로줄무늬가 흩어져 있다. 2018.2.15. 인천 강화 연리 ⓒ 김준철

둥지를 떠나기 직전
어린새. 2011.6.5.
인천 옹진 소청도

괭이갈매기를
사냥한 매.
2005.12.6. 전남 홍도

둥지. 파랑새, 꾀꼬리,
쇠물닭을 잡아먹은 흔적

해안 절벽에서 지내며, 빠른 속도로 접근해 날아가는 새를 잡아먹는다. 2008.7.26. 전남 신안 가거도

몸이 커서 눈에 잘 띌 것 같지만
위장 색을 띠어, 특히 드넓은 논에서
먹이 활동을 하고 있으면 찾기가 어렵다.
2016.12.30. 경기 여주 매화리
ⓒ 진경순

수컷. 2016.12.31.
경기 여주 매화리 ⓒ 한종현

- 천연기념물
- 멸종위기 야생생물 II급
- 적색자료집 취약(VU)
- 전 세계 개체수: 4만 4,000~5만 7,000

느시

Great Bustard | *Otis tarda* | 느시과(Otididae)

전 세계 개체 중에서 동아시아에 사는 아종은 1,200~2,000마리로 추정한다. 이베리아반도, 동유럽, 중동 부근에서 러시아 중부, 몽골, 중국 북부, 아무르 지방에 분포한다. 옛날에는 들칠면조, 너화로 불렸다. 19세기 말까지만 해도 겨울에 많은 수가 찾아와 논이나 밭에 10~50마리가 무리 지어 앉은 모습도 볼 수 있었다고 하나 한국 전쟁 이후 급격히 감소했다. 농업 기계화, 살충제 사용 및 수렵으로 개체수가 줄어든 것으로 보이며, 최근 기록이 거의 없다. 광활한 평야, 초지, 논, 강변 등지에서 지낸다. 식물 씨앗, 줄기와 뿌리 등을 즐겨 먹으며 곤충, 연체동물, 파충류 등도 먹는다.
부리가 짧고, 크다. 수컷은 머리에서 목까지 엷은 청회색이며, 멱에 흰색 실 같은 긴 깃이 있다. 뒷목에서 가슴까지는 적갈색이다. 앉아 있을 때에도 날개 상당 부분이 흰색으로 보인다. 목이 암컷보다 굵다. 암컷은 수컷보다 작으며, 멱에 실 같은 깃이 없다. 목은 수컷과 달리 청회색이 덜하고, 황갈색이 돈다. 가슴은 매우 엷은 적갈색이며, 날개 흰색 부분이 수컷보다 좁다. 몸길이는 수컷 100cm, 암컷 75cm로 매우 큰 종이며, 수컷이 월등히 크다.

수컷. 번식기에는 이마에 닭 벼슬처럼 생긴 붉은색 피부가 드러난다.
2011.6.2. 경기 파주 공릉천 ⓒ 변종관

뜸부기

Watercock | *Gallicrex cinerea* | 뜸부기과(Rallidae)

파키스탄, 인도, 인도차이나반도, 인도네시아 서부, 필리핀에서는 텃새이며, 중국, 한반도, 일본에서는 여름철새다. 과거에는 우리나라 전국에서도 번식했지만 현재는 철원평야, 파주 공릉천, 천수만 등 넓은 논과 간척지에서 매우 적은 수가 5월 중순에 찾아와 10월 하순까지 머문다.

논과 습지에서 지내며 경계심이 강하다. 번식기에 수컷은 넓은 논 또는 초지에서 뜸! 뜸! 뜸! 하는 독특한 소리를 낸다. 둥지는 벼 포기를 모아 짓거나 습지 주변에 있는 풀줄기를 가져다 접시 모양으로 짓는다.

암컷. 개체수가 아주 적고, 경계심이 강해 관찰이 매우 어렵다.
2011.6.12. 경기 파주 공릉천

- 천연기념물
- 멸종위기야생동식물 II급
- 전 세계 개체수: 정확한 데이터 없음

수컷은 전체가 흑회색이며, 등깃과 날개깃 가장자리는 엷은 회백색 또는 황갈색 비늘무늬를 이룬다. 이마에서 정수리까지 붉은색 피부가 드러나며, 부리는 황색이다. 다리와 발가락은 길며 황록색 또는 붉은색을 띤다. 암컷은 몸 윗면이 흑갈색이며, 깃 가장자리는 폭 넓은 황갈색이다. 몸 아랫면은 황갈색이며, 가느다란 흑갈색 비늘무늬가 있다. 부리는 황갈색이며 다리는 녹황색이다. 몸길이는 수컷 40cm, 암컷 33cm이다.

재두루미

White-naped Crane | *Antigone vipio* | 두루미과(Gruidae)

극동아시아에서만 분포한다. 몽골 동부, 러시아와 중국 국경 지역에서 번식하고, 중국 양쯔강 유역, 한국, 일본 이즈미에서 겨울을 난다. 우리나라에는 10월 초순에 1,500~2,000마리가 찾아오며 4월 초순까지 머문다. 주로 철원평야, 한강과 임진강 하구, 파주, 연천 등지에서 겨울을 나며 일부가 낙동강 하구, 주남저수지, 순천만에서 겨울을 넘긴다.

겨울을 날 때는 어미새와 어린새가 가족을 이루며, 이동 시기에는 여러 가족이 모여 큰 무리를 이룬다. 논에 떨어진 벼 낟알을 먹으며, 갯벌에서는 갯지렁이, 식물 뿌리 등을 먹는다. 눈 주위로 붉은색 피부가 드러난다. 정수리에서 뒷목까지 흰색이며 등은 회색을 띤다. 앞목 일부와 몸 아랫면은 진한 회색이다. 몸길이는 115~125cm이다.

가족 단위로 생활한다. 가운데 개체가 그해 번식지에서 태어난 어린새다. 2013.1.8. 강원 철원 ⓒ 한종현

- 천연기념물
- 멸종위기 야생생물 II급
- 적색자료집 취약(VU)
- 전 세계 개체수: 5,500~6,500

한강 하류, 낙동강 해평습지 등은 과거 재두루미가 흔하게 찾아왔던 곳이었으나 지금은 서식지가 사라지거나 줄어들어 찾는 수가 급격히 감소했다. 철원평야도 비닐하우스가 증가하면서 재두루미가 먹이 활동을 할 만한 곳이 감소하고 있으며 볏단을 치우거나 액체 비료를 살포해 먹이 자체도 줄어들고 있다. 2011.10.30. 강원 철원 양지리

여러 가족이 모여 이동한다. 2011.10.30.
강원 철원 ⓒ 진경순

두루미

Red-crowned Crane | *Grus japonensis* | 두루미과(Gruidae)

- 천연기념물
- 멸종위기 야생생물 I급
- 적색자료집 멸종위기(EN)
- 전 세계 개체수: 2,800~3,300

전 세계에서 북미흰두루미 다음으로 희귀하다. 몽골 동부, 우수리 지방, 중국 동북부, 일본 홋카이도 동북 연안에서 번식하고 한국, 중국 동남부에서 겨울을 난다. 우리나라에는 10월 하순에 850~1,000마리가 강원 철원, 경기 연천, 경기 파주 대성동, 강화 남단 등 일부 지역을 찾아와 3월 하순까지 머문다. 그러나 최근에는 채소 재배 비닐하우스 증가에 따른 먹이 활동지와 먹이 감소 등으로 점점 월동 개체수가 줄어들고 있다.

사람이 드나들지 않는 드넓은 농경지, 습지, 하구에서 지낸다. 어미 새와 어린새가 함께 가족을 이루어 겨울을 난다. 농경지에서는 논에 떨어진 낟알을 먹고, 강 주변에서는 우렁이와 미꾸라지, 갯벌에서는 게, 갯지렁이, 염생식물 뿌리 등을 먹는다. 눈앞과 이마, 턱밑과 목, 셋째날개깃이 검은색이다. 정수리에 붉은 피부가 드러나 있다. 몸길이는 140~150cm이다.

어른새와 어린새. 2013.1.8. 강원 철원 양지리 ⓒ 진경순

1940년대까지는 재두루미와 함께 우리나라 전역에서 겨울을 났으나 요즘은 극히 일부 지역에서만 볼 수 있다. 2013.1.8. 강원 철원 양지리 ⓒ 김준철

휴전선과 인접한 민간인 출입 통제 지역처럼 사람이 잘 접근하지 못하고
농경지가 넓은 극히 제한된 지역에서만 겨울을 나는 드문 겨울철새다.
2016.12.20. 강원 철원 산명리

검은목두루미

Common Crane | *Grus grus* | 두루미과(Gruidae)

- 천연기념물
- 멸종위기 야생생물 II급
- 전 세계 개체수: 49만 1,000~50만 3,000

스칸디나비아반도에서부터 시베리아 콜리마천 유역까지 번식하고 아프리카 북동부, 남유럽, 인도 북부, 중국, 한국, 일본에서 겨울을 난다. 우리나라에는 10월 하순에 4~20마리가 찾아와 3월 중순까지 머문다. 강원 철원평야, 경기 파주 대성동, 충남 천수만, 전남 순천만 등지에서 관찰된다.

하구나 논 같은 습지에서 흑두루미, 재두루미 무리에 섞여 겨울을 나는 일이 많다. 전체적으로 회백색이며, 정수리에 폭 좁게 붉은색 피부가 드러나 있다. 눈앞, 턱밑, 앞목, 뒷머리가 검은색이며, 눈 뒤에서부터 옆목을 따라 길게 흰색을 띤다. 큰날개덮깃과 가운데날개덮깃에 길쭉한 검은색 무늬가 흩어져 있다. 몸길이는 114cm이다.

어른새. 2010.12.9.
충남 서산 천수만 ⓒ 김신환

검은목두루미와 흑두루미
2019.1.4.
충남 홍성 천수만 A지구

검은목두루미와 재두루미. 2013.1.8. 강원 철원 양지리 ⓒ 박대용

어른새. 2018.3.27. 강화 숭뢰리

흑두루미

Hooded Crane | *Grus monacha* | 두루미과(Gruidae)

아무르강 유역과 중국 북동부에서 번식한다. 재두루미 번식지와 겹치기도 하고 더욱 북쪽으로 치우쳐 있기도 하다. 대부분이 일본 이즈미에서 겨울을 나지만 일부는 중국 양쯔강 유역과 우리나라 순천만에서도 겨울을 난다.

우리나라에서는 10월 중순에 찾아와 4월 초순까지 머문다. 충남 천수만 간월호 및 근처 농경지에서 200~250마리가 겨울을 나다가 간월호가 얼면 전남 순천만으로 옮겨 간 뒤에(1월 초부터 2월 초까지) 날이 풀리면 다시 천수만으로 올라온다. 순천시는 흑두루미를 보호하고자 적극적으로 노력해 왔고, 그

흑두루미가 안전하게 겨울을 날 수 있도록 순천만 사람들은 갯벌 인근 농경지에 무논을 조성하고, 전봇대를 제거하고, 수확을 끝낸 뒤에도 볏짚을 그대로 두고, 친환경 농법으로 농사를 짓는 등 노력을 기울였다. 그 결과 순천만은 국내 최대 흑두루미 월동지가 되었다. 2012.3.24. 전남 순천 순천만 ⓒ 진경순

- 천연기념물
- 멸종위기 야생생물 Ⅱ급
- 적색자료집 취약(VU)
- 전 세계 개체수: 약 1만 5,000

결과 순천만에서 겨울을 나는 흑두루미 수가 꾸준히 늘어 최근에는 2,000마리 이상이 머물다 간다. 초지, 습지, 논에서 가족 단위로 생활하며, 이동할 때와 겨울을 날 때는 여러 가족이 모여 큰 무리를 이룬다. 넓은 농경지 또는 갯벌을 거닐며 낟알, 식물 씨앗과 뿌리, 물고기 등을 먹는다. 이마가 검은색이며 정수리 앞부분에 붉은색 피부가 드러난다. 머리와 목 윗부분은 흰색이다. 몸은 전체적으로 회흑색이다. 몸길이는 96.5cm이다.

일본 이즈미, 전남 순천만 등지에서 겨울을 나고 이른 봄에 번식지로 북상할 때 천수만에 많은 무리가 모여든다.
2012.3.18. 충남 홍성 천수만 A지구

- 천연기념물
- 멸종위기 야생생물 II급
- 적색자료집 준위협(NT)
- 전 세계 개체수: 5,000~1만

만조 때에는 바닷물에
잠기지 않는 곳으로 이동해 쉰다.
2013.4.13. 경남 남해 도마리

검은머리물떼새

Eurasian Oystercatcher | *Haematopus ostralegus* | 검은머리물떼새과(Haematopodidae)

전 세계 개체수는 캄차카반도와 동아시아에 서식하는 아종(*Haematopus ostralegus osculans*) 기준이다. 유럽, 캄차카반도, 동아시아 북부에서 번식하고 아프리카, 중동, 남아시아, 중국 남부, 한국에서 겨울을 난다. 우리나라에서는 서남해안에 드물게 나타났으나, 1971년 6월 강화 대송도에서 처음 번식이 확인되었다. 1990년대 후반에는 충남 유부도 갯벌에서 2,000~5,000마리가 겨울을 나는 사실이 알려졌다. 4월 중순에서 5월에 번식하며, 이 시기에는 주로 서해안 작은 섬에서 지낸다.

해안 바위 또는 물 빠진 갯벌에서 지내며 작은 게, 굴, 조개, 물속 곤충 등을 먹는다. 둥지는 바위 위 오목한 곳에 나뭇가지로 엉성하게 짓는다. 알은 갈색 바탕에 무늬가 있으며 3개 내외로 낳고, 28~33일 동안 암수가 교대로 품는다. 머리, 가슴, 몸 윗면은 검은색이다. 부리는 길며 붉다. 날 때는 날개 윗면에 큰 흰색 줄무늬가 보인다. 다리는 분홍색이며, 몸길이는 45cm이다.

어른새. 주로 서해안에서 지내며, 조간대 지역 바위 또는 물 빠진 갯벌에서 굴, 작은 게, 조개 등을 잡아먹는다. 2009.5.1.13. 전남 신안 압해도

붉은색 긴 부리가 눈에 띈다. 검은색과 흰색이 어우러진 모습이 꼭 까치 같아서 북한에서는 '까치도요'라고 부른다. 2011.6.19. 충남 서산 천수만

흰목물떼새

Long-billed Plover | *Charadrius placidus* | 물떼새과(Charadriidae)

우수리 지방, 중국 동북부, 한국, 일본에서 번식하고 중국 남부, 라오스, 베트남, 인도 북부에서 겨울을 난다. 강 상류 모래밭, 자갈밭에서 번식하는 드문 텃새다. 하천 모래를 퍼내는 강바닥 준설은 강가 모래밭이나 자갈밭에서 번식하는 흰목물떼새 서식지를 파괴해 곧 개체수 감소로 이어진다. 꼬마물떼새와 비슷한 환경에서 지내지만 모래, 자갈이 더 많은 강가에서 지낸다. 홀로 또는 작은 무리를 이루어 지낸다. 모래땅을 오목하게 파서 알을 4개 낳고, 28~29일 동안 품는다.

부리는 가늘고 길며, 아랫부리 기부는 색이 옅다. 눈테는 노란색이며 얇다. 눈 앞쪽 검은색은 흰물떼새보다 흐리다. 머리 위, 귀깃에 검은 줄무늬가 있으며, 가슴에 난 검은 줄무늬는 가운데에서 흐릿해진다. 몸길이는 20.5cm이다.

겨울깃. 다리를 땅에 대고 가볍게 떠는 행동은 사냥 기술이다.
물에 사는 곤충이 떨림에 놀라 움직이면 그때 사냥한다. 2014.1.4. 울산 태화강

- 멸종위기 야생생물 II급
- 전 세계 개체수: 1,000~2만 5,000

어른새. 2013.1.15.
경기 하남 산곡천 ⓒ 김준철

새끼가 깨어나면 알껍데기를 물어다 버린다. 2006.5.1. 경기 하남 산곡천 ⓒ 서정화

어른새. 2018.3.22. 전남 신안 흑산도

- 멸종위기 야생생물 II급
- 적색자료집 멸종위기(EN)
- 전 세계 개체수: 3만 2,000~3만 8,000

알락꼬리마도요

Far Eastern Curlew | *Numenius madagascariensis* |
도요과(Scolopacidae)

시베리아 동북부, 중국 동북부에서 번식하고 필리핀, 뉴기니, 오스트레일리아에서 겨울을 난다. 세계적으로는 희귀한 종이지만 우리나라에는 비교적 흔하게 통과하는 나그네새다. 우리나라는 3월 초순~5월 중순, 8월 초순~10월 하순에 통과하며, 드물게 겨울을 나기도 한다.

해안 백사장, 갯벌, 하구, 물 고인 논, 초지에서 지낸다. 주로 게를 비롯한 갑각류를 먹으며 갯지렁이도 즐겨 먹는다. 부리가 머리 길이의 3배 정도가 될 만큼 길며 아래로 굽었다. 배는 엷은 갈색 바탕에 줄무늬가 흩어져 있다. 등과 허리는 적갈색을 띠는 회갈색이며, 날개 아랫면은 흑갈색 줄무늬가 조밀하게 흩어져 있어 어둡게 보인다. 몸길이는 58.5~61.5cm이다.

게를 잡으면 물웅덩이로 가서 진흙을 깨끗이 씻은 다음
게 다리를 잘라내고 몸통만 먹는다. 2009.8.23. 전남 신안 흑산도

마도요와 함께 갯벌에서 게, 갯지렁이 등을 잡아먹는다.
2010.9.22. 충남 홍성 궁리

청다리도요사촌

Nordmann's Greenshank | *Tringa guttifer* |
도요과(Scolopacidae)

- 멸종위기 야생생물 Ⅰ급
- 적색자료집 멸종위기(EN)
- 전 세계 개체수: 1,300 미만

사할린 북동부와 오호츠크해와 접하는 극동러시아 일부 지역에서 번식하고 말레이반도, 태국, 방글라데시에서 겨울을 난다. 우리나라에는 4월 중순~5월 중순, 8월 중순~10월 중순에 통과하는 매우 드문 나그네새다. 번식지에서 순록을 방목하면서 안정적으로 번식하기가 어려워지고, 중간 기착지이자 월동지인 해안 습지가 간척되면서 개체수가 줄고 있다.

모래톱 또는 갯벌 웅덩이에서 빠르게 움직이며 게, 작은 물고기, 연체동물, 애벌레 등을 사냥한다. 잡은 먹이를 물고 안전한 곳으로 재빨리 이동한다. 부리는 굵직하고 약간 위로 향하며, 기부에 황색 부분이 있다. 다리는 황록색이며, 발목 바로 위 깃털이 없는 정강이 부분은 청다리도요보다 뚜렷이 짧다. 여름깃은 가슴에 큰 검은색 반점이 흩어져 있다. 몸 윗면은 흑색 바탕에 흰색 반점이 흩어져 있다. 겨울깃은 몸 윗면이 회색이며 깃 가장자리가 흰색이다. 몸길이는 31cm이다.

어린새. 흔히 청다리도요와 혼동하지만 부리가 더 굵직하며, 깃털이 없는 정강이 부분 길이가 더 짧다.
2010.9.12. 충남 홍성 남당리 ⓒ 김신환

어른새 여름깃. 2019.7.28. 울산 울주 지하리 ⓒ 김진호

어른새. 2012.4.30. 경기 화성 매향리 ⓒ 김준철

어른새. 2013.4.30. 경기 화성 매향리 ⓒ 박대용

먼 거리를 날아 번식지로 이동하다가 갯벌에 잠시 내려 허기진 배를 채운다.
2014.4.6. 충남 홍성 남당리 ⓒ 진경순

- 멸종위기 야생생물 II급
- 적색자료집 위기(EN)
- 전 세계 개체수: 29만 5,000 미만

붉은어깨도요

Great Knot | *Calidris tenuirostris* | 도요과(Scolopacidae)

시베리아 북동부에서 번식하고 인도, 동남아시아, 오스트레일리아에서 겨울을 난다. 우리나라에는 큰 무리를 이뤄 4월 중순~5월 하순, 8월 초순~10월 중순에 지나는 나그네새다. 서해 지역 갯벌 매립에 따른 서식지 파괴로 개체수가 급격하고 줄고 있다.

갯벌, 해안 모래펄, 하구에서 항상 무리를 이루어 지내며 홀로 생활하는 일은 거의 없다. 갯지렁이, 조개류, 갑각류 등을 먹는다. 몸 윗면은 흑갈색이며 어깨에 적갈색 무늬가 있지만 멀리서는 잘 보이지 않는다. 가슴에 검은 반점이 흩어져 있어 어둡게 보인다. 날 때 보면 허리가 흰색이다. 몸길이는 28cm이다.

드넓은 갯벌에서 흩어져 먹이를 찾다가 만조 때에는 물에 잠기지 않는 갯벌에 모여들어 쉰다.
개체수가 꾸준히 감소하고 있어 최근에는 대규모 무리를 보기 드물다.
2013.4.30. 경기 화성 매향리 ⓒ 진경순

여름깃. 2015.5.14. 충남 홍성 궁리항

어른새 겨울깃. 부리 생김새가 독특해서
다른 도요류와 헷갈리지 않지만,
소형 도요 무리에 섞여 있으면
찾아내기 쉽지는 않다.
2016.9.18. 충남 서천 유부도
ⓒ 한종현

어린새. 멸종 가능성이 제기될 만큼 빠른 속도로 개체수가 감소하고 있다.
멸종을 막고자 둥지에서 알을 꺼낸 뒤에 인공 포란하는
증식 프로그램으로 새끼 생존율을 높이고, 유색가락지를 부착해
이동 경로를 밝히려는 노력을 기울이고 있다.
2016.9.18. 충남 서천 유부도 ⓒ 한종현

넙적부리도요

Spoon-billed Sandpiper | *Calidris pygmaea* |
도요과(Scolopacidae)

- 멸종위기 야생생물 Ⅰ급
- 적색자료집 위급(CR)
- 전 세계 개체수: 242~378(월동 개체)

추코트반도를 비롯해 베링해 연안 일부 지역에서만 번식하고 방글라데시, 말레이반도, 미얀마, 태국, 베트남, 중국 남서부 해안에서 겨울을 난다. 번식지와 중간 기착지, 월동지가 파괴되어 사라지고, 월동지에서는 식용 목적 불법 포획까지 더해져 개체수가 심각하게 줄고 있다. 생존 개체는 1970년대에 2,000~2,800쌍이던 것이 2000년에는 1,000쌍 이하, 2010년에는 360~600마리로 추정되며, 2005~2013년 월동 개체 조사 결과는 242~378마리로 추정된다. 우리나라에는 4월 초순~5월 하순, 8월 중순~10월 하순에 극히 적은 수가 통과하며, 봄철보다는 가을철에 관찰 기록이 더 많다.

하구 삼각주 또는 모래섬 가장자리처럼 수심이 얕고 모래가 섞인 갯벌에서 먹이 활동을 한다. 부리를 지면에 대고 좌우로 움직이며 물속 곤충을 빨아들여 먹는다. 이동 시기에는 민물도요, 좀도요 무리에 섞이는 일이 많다. 부리 끝이 주걱 모양이어서 다른 종과 헷갈리지 않는다. 여름깃은 머리에서 목까지 적갈색이다. 몸 윗면은 흑갈색을 띠며 깃 가장자리가 적갈색을 띤다. 겨울깃은 몸 윗면은 전체적으로 회백색을 띠며, 몸 아랫면은 흰색으로 바뀐다. 몸길이는 15cm이다.

어른새 여름깃. 2004.5.14. 부산 낙동강 하구 ⓒ 최종수

겨울깃 ⓒ 김은정

좀도요, 왕눈물떼새 등 소형 도요류
무리에 섞여 있으면 찾기 어렵다.
2014.9.27. 충남 서천 유부도 ⓒ 진경순

도요류 조사. 2010.10.13. ⓒ 오동필

호사도요

Greater Painted-snipe | *Rostratula benghalensis* |
호사도요과(Rostratulidae)

- 천연기념물
- 전 세계 개체수: 정확한 데이터 없음

인도에서 동남아시아, 중국, 아프리카, 한국, 일본에 분포한다. 우리나라에서는 드문 나그네새이나 일부 지역에서 적은 수가 번식하고 겨울을 난다. 2000년 6월 충남 서산 천수만에서 번식이 확인된 이후 전남 영암과 무안, 전북 고창, 낙동강 하류, 제주도, 경기 시화호, 경기 화성 호곡리 등지에서도 번식했다.
습지, 휴경지, 하천 등지에서 지내며 갑각류, 조개류, 애벌레, 지렁이를 잡아먹는다. 일처다부제로 알려지며, 암컷이 수컷에게 접근해 구애 행동을 한다. 둥지는 식물로 둘러싸여 알을 잘 숨길 수 있는 곳에 튼다. 알은 3~4개 낳으며 약 19일 동안 품는다. 이전까지 수컷만 알을 품는 것으로 알려졌으나 국내에서 암수가 함께 포란하는 것이 확인되었다.
몸은 통통하며, 부리가 길고 다리가 짧다. 암컷이 수컷보다 더 화려하다. 수컷은 머리중앙선과 눈테 그리고 눈 뒤쪽으로 엷은 황색 줄무늬가 있다. 암컷은 눈테를 따라 난 폭 넓은 흰색 부분이 눈 뒤까지 길게 이어진다. 몸길이는 23.5~26cm이다.

암컷. 2010.4.7. 충남 서산 천수만 ⓒ 김신환

겨울깃. 깃색이 주변 환경과 비슷해 눈에 잘 띄지 않는다. 2011.1.6. 전북 고창 ⓒ 오동필

새끼를 돌보는 수컷. 2010.5.23. 전북 고창 ⓒ 이대종

검은머리갈매기
Saunders's Gull | *Chroicocephalus saundersi* |
갈매기과(Laridae)

- 멸종위기 야생생물 II급
- 적색자료집 취약(VU)
- 전 세계 개체수: 2만 1,000~2만 2,000

둥지. 영종도, 송도 매립지에서 번식하지만 매립지 공사 이후 시행되는 개발 사업으로 번식지가 파괴되거나 번식기에 사람이 빈번히 오가거나 까치, 너구리, 들개 같은 천적에게 둥지를 공격받거나 해서 지속적으로 번식하지 못하는 상황에 놓여 있다.
2014.6.9. 인천 영종도 배후 매립지 ⓒ 박대용

중국 랴오닝성, 장쑤성, 산둥성, 허베이성에서 번식한다. 겨울에는 중국 남부, 대만, 베트남 북부, 한국에서 겨울을 난다. 우리나라에는 1,500~3,000마리가 지나는 겨울철새이며, 적은 수가 번식하기도 한다. 1998년 5월 시화호에서 번식이 확인된 이후 영종도, 송도 매립지에서도 번식했다.
물 빠진 갯벌 위를 날다가 내리꽂듯이 내려와 주로 게, 새우, 갯지렁이를 잡아먹는다. 칠면초를 비롯해 염생식물로 덮인 곳에서 번식하며, 둥지는 메마른 땅 위에 마른 풀을 써서 짓는다. 알을 3개 낳으며, 27~29일 동안 품는다. 부리는 짧고 검은색이다. 여름깃은 머리가 검은색이며 눈 위아래에 흰색 반점이 있다. 겨울깃은 머리가 흰색이며 귀깃과 정수리 부분에 검은 반점이 있다. 몸길이는 32~34cm이다.

알. 2015.6.20.
인천 영종도 배후 매립지

알. 2015.5.13.
인천 영종도 배후 매립지

1회 겨울깃. 2011.9.1.
충남 서천 송림리
ⓒ 한종현

1회 겨울깃. 어깨깃과
날개덮깃에 어린새 깃(갈색깃)이
약간 남아 있다(오른쪽).
왼쪽은 붉은부리갈매기이며, 부리가
약간 더 길고 붉은색을 띤다.
2020.2.11. 충남 홍성 남당리
ⓒ 박건석

물 빠진 갯벌 위를 유유히 날다가 먹이를 발견하면 갑작스럽게 방향을 바꾸어 내리꽂듯이 하강해 게, 갯지렁이 등을 잡는다.

여름깃. 2007.3.7.
경기 화성 매향리갯벌
ⓒ 박건석

어른새 겨울깃. 2018.2.14.
충남 홍성 남당리
ⓒ 박건석

고대갈매기

Relict Gull | *Ichthyaetus relictus* | 갈매기과(Laridae)

• 멸종위기 야생생물 II급
• 적색자료집 취약(VU)
• 전 세계 개체수: 1만 5,000~3만

카자흐스탄 동부 아라콜호, 내몽골 오르도스 고원, 러시아 바룬-토레이호, 중국 내륙 염호 등 일부 지역에서만 번식하며 중국, 베트남, 한국에서 겨울을 난다. 우리나라에는 단지 몇 마리만이 11월 초순에 찾아와 4월 중순까지 낙동강 하구, 순천만, 천수만 등 일부 지역에서 지낸다.

모래 갯벌과 혼합 갯벌을 좋아한다. 주로 하구 바깥쪽에서 보이며 이따금 모래 해변에서도 보인다. 모래 언덕 주변에서 애벌레, 작은 물고기, 게 등을 잡아먹는다. 여름깃은 머리가 검은색이며 눈 아래 위로 흰색 반점이 있다. 부리는 붉은색을 띠는 검은색이며 다리는 붉은색이다. 겨울깃은 머리가 흰색이며 귀깃과 머리 뒤쪽으로 불명확한 검은 반점이 흩어져 있다. 부리는 크고 짧으며 어두운 붉은색을 띤다. 몸길이는 45.5cm이다.

어른새 겨울깃. 2012.1.28. 부산 낙동강 하구 ⓒ 김시환

여름깃. 2002.4.14.
강원 강릉 ⓒ 최순규

1회 겨울깃. 2021.1.30. 경북 포항 임곡리

뿔쇠오리

Crested Murrelet | *Synthliboramphus wumizusume* |
바다오리과(Alcidae)

- 천연기념물
- 멸종위기 야생생물 II급
- 적색자료집 취약(VU)
- 전 세계 개체수: 5,200~9,400

일본 혼슈, 규슈, 이즈제도, 러시아 극동과 우리나라 섬(전남 구굴도와 백도, 경북 독도, 제주도에 딸린 섬들)에서 적은 수가 번식하고, 주변 해상에서 겨울을 난다. 쥐 같은 천적에게 알이 먹히거나, 사람들이 오가서(낚시) 방해를 받거나, 어른새가 유자망에 걸려 죽거나, 바다에 버려진 기름에 오염되어 죽거나 하는 이유로 개체수가 줄고 있다.

보통 3월 하순부터 6월 초순 사이에 육지에서 멀리 떨어진 섬에서 집단으로 번식한다. 둥지는 암석과 암석 사이 틈에 틀거나 밀사초 군락 땅에 구멍을 파거나 바다제비의 낡은 구멍을 그대로 쓴다. 알은 2개 낳으며 암수가 함께 31~32일 동안 품는다. 얼굴, 옆목, 정수리가 검은색이며 뒷머리는 흰색이다. 머리에 검은색 뿔깃이 있다. 몸 윗면은 회흑색이며 몸 아랫면은 흰색이다. 부리는 청회색이다. 몸길이는 24cm이다.

어른새. 2012.5.12. 전남 신안 구굴도 ⓒ 박창욱

번식지의 뿔쇠오리 둥지 입구. 2014.4.19. 밀사초로 덮인 바닷새 번식지. 2010.3.16. 구굴도

육지에서 멀리 떨어진 무인도에서 번식하며 인근 해상에서 먹이를 찾는다.
2016.5.18. 전남 여수 백도 인근 해상 ⓒ 박창욱

어른새. 지리산 자락에 있는 화엄사와 천은사는 내륙에 남아 있는 낭비둘기의 거의 마지막 번식지이지만 배설물이 문화재를 훼손하는 탓에 사찰에서 조차도 쫓겨날 처지에 놓여 있다. 2013.6.17. 전남 구례 천은사

어른새. 2013.6.8. 전남 구례 천은사

- 멸종위기 야생생물 II급
- 전 세계 개체수: 정확한 데이터 없음

낭비둘기

Hill Pigeon | *Columba rupestris* | 비둘기과(Columbidae)

시베리아 중부와 동남부, 몽골, 티베트 동부, 중국 북부, 중국 쓰촨성 서부, 한국에 분포한다. 집비둘기와 교잡이 일어나거나 서식지가 사라지면서 개체수가 빠르게 감소하고 있다. 현재 우리나라에 사는 개체수는 100마리 미만으로 대부분 전남 고흥 거금도와 내륙 일부 사찰(전남 구례 화엄사, 천은사와 인근 지역)에서 지낸다. 과거에는 청산도나 보길도, 거제도를 비롯한 남해 섬 지역과 속리산 법주사, 임진각 등에서도 번식했으나 이제는 찾아보기 어렵다.

사찰 현판 뒤 또는 처마 밑 빈 공간, 오목한 바위 절벽 틈, 다리 교각에 둥지를 튼다. 무리를 이루어 농경지에서 낟알을 먹고 풀씨도 즐겨 먹는다. 번식기는 5~6월이다. 흰색 알을 2개 낳고 18일 동안 품으며, 17~19일 동안 새끼를 키운다. 무리 지어 사는 집비둘기와 비슷하지만 허리가 흰색이다. 집비둘기(*Columba livia var. domestica*)와 전혀 다른 종이지만 '양비둘기'로 불린 탓에 외래종으로 잘못 인식되기도 한다. 꼬리는 회색이며 중간에 폭 넓은 흰색 띠가 있으며 끝은 검다. 몸길이는 33cm이다.

몽골에서도 낭비둘기(동그라미 표시)와 집비둘기는 무리 지어 살며, 교잡이 일어나 점차 사라져 갈 위기에 처해 있다. 2009.6.16. 몽골 하르호린

번식지. 2019.11.5. 전남 구례 화엄사 각황전

현판 뒤 둥지로 들어가는 어미새. 2019.5.10. 전남 구례 화엄사

둥지와 새끼. 2014.5.5. 전남 구례 천은사

어린새. 2011.5.6. 전남 구례 천은사

세밀화
ⓒ 국립생물자원관, 진경순

무리. 2011.11.26.
전남 고흥 거금도 ⓒ 고경남

번식지. 남해 섬 지역에서 번식했던 집단은 오늘날 모두 사라졌으며, 지금은 유일하게 거금도 인근에서 번식한다. 2014.6.28.
전남 고흥 거금도 앞 무인도

어른새. 2009.8.5. 경북 울릉 도동 ⓒ 김준철

흑비둘기

Black Woodpigeon | *Columba janthina* | 비둘기과(Columbidae)

한국과 일본 섬 지역, 중국 산둥반도의 일부 지역에서만 번식한다. 우리나라에서는 서해와 남해, 울릉도 섬 지역에서 번식하며, 울릉도 남면 사동에 있는 흑비둘기 서식지는 천연기념물로 지정되었다.
거목이 많은 울창한 상록활엽수림을 좋아한다. 후박나무, 누리장나무, 마가목 열매를 즐겨 먹으며 잣나무 열매도 먹는다. 대부분 나무 꼭대기에서 먹이를 찾으며 땅으로 내려오는 일은 드물다. 산란기는 3월 초순부터 4월 하순이다. 대개 비둘기 종류는 흰색 알을 2개 낳는데 흑비둘기는 1개 낳는다. 암수가 함께

어른새. 2016.6.25. 경북 울릉 ⓒ 변종관

- 천연기념물
- 멸종위기 야생생물 II급
- 적색자료집 준위협(NT)
- 전 세계 개체수: 정확한 데이터 없음

18일 동안 알을 품지만 수컷이 암컷보다 자주, 특히 야간에는 수컷만 알을 품는다. 평균 30일 동안 새끼를 키운다.
전체적으로 검은색으로 보이며 녹색과 보라색 광택이 있다. 부리는 검은색으로 보이며 다리는 붉은색이다. 우리나라에 사는 비둘기 중 몸집이 가장 크며 몸길이는 40cm이다.

- 천연기념물
- 전 세계 개체수: 정확한 데이터 없음

2011.5.29. 강원 고성 오봉리 ⓒ 진경순

두견이

Lesser Cuckoo | *Cuculus poliocephalus* | 두견이과(Cuculidae)

아프가니스탄, 히말라야에서 미얀마, 중국, 우수리 지역, 한국, 일본에서 번식하고 인도 남부, 스리랑카, 아프리카 동부에서 겨울을 난다. 우리나라에는 5월 중순에 찾아와 9월 중순까지 머문다. 섬 지역에서는 꽤 흔하지만 내륙에서는 쉽게 볼 수 없다. 내륙에서 개체수가 줄어든 것은 탁란하는 섬휘파람새 감소와 관련이 있는 듯하다. 깊은 산림 또는 농경지 주변 숲에서 지내며 좀처럼 모습을 드러내지 않는다. 주로 섬휘파람새 둥지에 탁란한다. 쪽박 바꿔 쥬우! 쪽박 바꿔 쥬우! 하는 소리를 낸다. 배에 있는 검은색 가로줄무늬는 굵고 간격이 넓다. 홍채는 어두운 색을 띤다. 암컷 적색형은 머리가 오렌지색을 띠는 갈색이며 흐릿한 검은 무늬가 흩어져 있다. 목은 엷은 적갈색과 흰색이 섞여 있다. 몸 윗면은 균일한 청회색 또는 청회색에 적갈색 무늬가 있는 등 개체 변이가 심하다. 벙어리뻐꾸기보다 뚜렷하게 작으며 몸길이는 25.5~27.5cm이다.

어른새. 2011.5.29. 강원 고성 오봉리

어른새 암컷 적색형. 암컷은 개체 변이가 심해 수컷과 생김새가 매우 비슷한 개체도 있다.
2011.5.22. 충남 태안 신진도 ⓒ 최순규

어린새. 2005.10.13. 전남 신안 흑산도

섬휘파람새

두견이가 탁란하는 섬휘파람새는 주로 남부와 서남부 지방 난대 상록수림, 대나무, 이대 숲에서 번식한다.

섬휘파람새 서식지(소백산). 지리산, 덕유산, 소백산 등 아고산대 관목림에서도 번식한다. 남부 지역에서 많은 수가 번식하며 북쪽으로 올라갈수록 번식하는 수가 줄어든다.

섬휘파람새 둥지
8.22. 제주 ⓒ 서정화

섬휘파람새. 3.8. 전남 홍도

어른새. 2012.5.24. 강원 화천 ⓒ 곽호경

- 천연기념물
- 전 세계 개체수: 정확한 데이터 없음

큰소쩍새

Japanese Scops Owl | *Otus semitorques* | 올빼미과(Strigidae)

러시아 극동, 중국 동북부, 한국, 사할린, 쿠릴열도, 일본에서 서식한다. 흔하지 않은 텃새이자 겨울철새이다. 낮에는 울창한 숲속 나무 구멍 또는 나뭇가지에서 휴식을 취하다가 어두워지면 활동한다. 딱다구리 옛 둥지 같은 나무 구멍을 둥지로 삼으며 쥐를 주로 사냥한다. 번식기에 암컷이 둥지를 지키고 수컷이 사냥해 암컷에게 전해 준다. 알을 3~4개 낳으며 28일 이상 품는 것으로 보인다.

전체적으로 회갈색이며 흑색과 회색으로 이루어진 복잡한 무늬가 있다. 몸 아랫면에는 진한 흑색 세로줄무늬가 있으며, 폭 넓은 가로줄무늬가 흩어져 있다. 홍채는 오렌지색이다(드물게는 노란색). 어른새는 발가락까지 깃털이 덮여 있다. 귀깃이 크다. 몸길이는 수컷 21.5~23.5cm, 암컷 23.5~25.5cm이다.

새끼. 2013.6.8. 전남 구례 황전리

어른새. 2014.3.15.
경기 파주 삼릉

어른새. 2012.5.20.
강원 화천 ⓒ 곽호경

어른새. 몸 크기도 작고 주변 나무 색과 깃색이 매우 비슷해 맨눈으로 확인하기 매우 어렵다. 번식기에 들리는 소리로 아는 경우가 대부분이다.
2018.6.16. 충남 서산 부석사 ⓒ 이용상

소쩍새

Oriental Scops Owl | *Otus sunia* | 올빼미과(Strigidae)

- 천연기념물
- 전 세계 개체수: 정확한 데이터 없음

파키스탄, 인도, 인도차이나, 말레이반도, 중국 남부와 동부, 한국, 러시아 연해 지방, 사할린, 일본에서 번식하고 말레이반도, 수마트라에서 겨울을 난다. 우리나라에는 4월 중순에 찾아오며, 10월 중순까지 머문다.

낮에는 숲속 나뭇가지 또는 나무 구멍에서 쉬다가 어두워지면 활동을 시작한다. 둥지는 저절로 생긴 나무 구멍, 딱다구리 종류의 옛 둥지를 그대로 쓴다. 주로 나방을 먹는다. 봄부터 여름까지 밤이면 도심, 시골 가릴 것 없이 소리를 들을 수 있다. 수컷은 소쩍! 소쩍! 하고 운다. 산란기는 5~6월이며, 알을 4~5개 낳아 24~25일 동안 품는다. 새끼는 깨어나고서 약 23일 후에 둥지를 떠난다.

전체적으로 엷은 회갈색이며 흑색, 갈색, 엷은 적갈색, 흰색 무늬가 섞여 복잡하다. 홍채는 노란색이며 귀깃이 짧다. 발목까지 깃털이 덮여 있지만 발가락은 깃털 없이 피부가 드러나 있다. 큰소쩍새에 비해 몸이 작으며 몸길이는 수컷 18~19cm, 암컷 19.5~21cm이다.

어른새. 2010.5.14. 경기 부천 ⓒ 백정석

어른새. 2014.6.1.
서울 북한산 ⓒ 이용상

새끼. 2013.7.21.
전남 구례 황전리

어른새와 새끼. 2014.3.20.
충남 서산 ⓒ 한종현

- 천연기념물
- 멸종위기 야생생물 II급
- 전 세계 개체수: 정확한 데이터 없음

수리부엉이

Eurasian Eagle Owl | *Bubo bubo* | 올빼미과(Strigidae)

시베리아 북부 지역과 캄차카반도를 제외한 유라시아 대륙 전역과 사할린, 아프리카 북부에 분포한다. 육지에서 멀리 떨어진 섬 지역을 제외한 한반도 전역에 사는 흔하지 않은 텃새다.

암벽이 많은 산림에서 지낸다. 야행성으로 밤에 활동하지만 번식기에는 밤낮을 가리지 않고 활동한다. 꿩, 토끼, 다람쥐, 쥐, 곤충, 양서류, 파충류 등을 잡는다. 둥지는 대개 바위산 암벽 아래에 틀지만, 앞이 트이고 약간 비탈진 산의 지면을 오목하게 파서 둥지로 삼기도 한다. 2월에 흰색 알을 2~3개 낳으며 36~37일 동안 품는다. 수컷은 둥지도 지키고 사냥도 한다. 둥지 주변에 펠릿이 많이 흩어져 있다.

갈색 긴 귀깃이 있으며 홍채는 노란색이다. 전체적으로 갈색 바탕에 검은색 가로세로 줄무늬가 있어 복잡하다. 얼굴은 갈색이며 가늘고 검은 털이 동심원 또는 방사형으로 나 있다. 우리나라에 사는 올빼미과 조류 중 가장 크며, 몸길이는 60~75cm이다.

낮에는 주로 크고 높은 나무에서 쉰다. 2017.9.27. 경기 고양 내곡동 ⓒ 김은정

낮에 높은 나무에서 쉰다.
2009.11.1. 충남 홍성

번식 둥지 인근 나뭇가지에 앉아 주의를 경계한다. 2011.12.13. 경기 화성 ⓒ 박대용

어른새. 2011.5.8. 충북 충주 ⓒ 진경순

올빼미

Himalayan Owl | *Strix nivicolum* | 올빼미과(Strigidae)

히말라야에서 인도 동북부, 미얀마 서부와 동부, 대만, 중국, 한국에 분포한다. 우리나라에서는 사계절 내내 볼 수 있다.

평지나 산지 숲속에서 지내며, 낮에는 나뭇가지에서 쉬고 어두워지면서 활동한다. 들쥐와 작은 새, 곤충을 사냥한다. 저절로 생긴 나무 구멍을 둥지로 삼는데, 최근에는 나무 구멍을 일부러 메꾸는 수목 외과 수술이 늘어나 둥지 틀 환경이 부족해지고 있다. 번식기인 3월부터 야간에 우! 우! 또는 우후후! 하는 소

어른새. 주변 환경과 깃색이 매우 비슷해 관찰하기가 어렵다.
2010.3.7. 충북 충주 ⓒ 진경순

- 천연기념물
- 멸종위기 야생생물 II급
- 전 세계 개체수: 정확한 데이터 없음

리를 낸다. 알을 3~5개 낳아 28~29일 동안 품고, 새끼는 깨어나고서 29~35일이 지나면 둥지를 떠난다.
전체적으로 어두운 갈색을 띠며 귀깃이 없다. 가슴과 배에 폭 넓은 흑갈색 세로줄무늬가 많으며, 각 세로줄무늬에는 다시 가느다란 가로줄무늬가 많이 있다. 몸길이는 39~43cm이다.

둥지에서 새끼를
돌보는 어미새.
2012.4.28.
전북 정읍 내장사
ⓒ 이대종

어른새. 2015.4.18. 충북 충주 엄정면

어른새. 2014.2.19. 강원 인제 용대리

- 멸종위기 야생생물 II급
- 전 세계 개체수: 정확한 데이터 없음

긴점박이올빼미

Ural Owl | *Strix uralensis* | 올빼미과(Strigidae)

유럽 북부와 동부, 알타이 지방, 몽골 북부, 중국 북부와 동부, 한국, 사할린, 오호츠크해 연안, 일본에서 번식한다. 우리나라에서는 강원도와 드물게 경기도, 충북, 경북 일부 지역 울창한 산림에서 적은 수가 번식하는 텃새다.

평지나 아고산 지대 산림에서 지낸다. 야행성으로 알려지지만 낮에도 먹이 활동을 한다. 주로 쥐, 새, 양서류와 파충류, 곤충을 먹는다. 2~3월에 알을 낳아 27~29일간 품으며, 새끼는 30~34일 동안 돌본다. 올빼미와 소리도 비슷하고 생김새도 닮았으나 올빼미보다 색이 더 밝고, 크기가 더 크다. 전체적으로 회갈색을 띤다. 가슴은 흰색 바탕에 긴 세로줄무늬가 있다. 귀깃이 없다. 홍채는 어두운 갈색이다. 몸길이는 48cm이다.

인공 둥지를 쓰기도 한다. 2021.4.18. 강원 횡성 샵교리 ⓒ 곽호경

머리를 180도 돌려 등 뒤쪽까지 볼 수 있다.
2014.3.12. 강원 인제 용대리

올빼미와 달리 긴점박이올빼미는
가슴에 세로줄무늬만 있다. 2012.2.11.
강원 고성 아야진 ⓒ 변종관

솔부엉이
Northern Boobook | *Ninox japonica* | 올빼미과(Strigidae)

- 천연기념물
- 전 세계 개체수: 정확한 데이터 없음

러시아 극동, 중국 동부와 동북부, 한국, 일본, 대만에서 번식하고, 순다열도, 술라웨시에서 겨울을 난다. 우리나라에는 4월 중순에 찾아와 10월 중순까지 머무는 여름철새다.

평지와 산지 숲속에서 지낸다. 낮에는 나뭇가지에서 쉬다가 어두워지면서 활동한다. 주로 곤충을 먹는다. 나무 구멍에 둥지를 틀고, 알을 3~4개 낳으며 암컷이 25~28일 동안 품는다. 암수가 거의 같은 색을 띤다. 몸 윗면은 진한 흑갈색이고, 몸 아랫면은 흰색이며 큰 흑갈색 세로줄무늬가 있다. 귀깃이 없다. 홍채는 노란색이다. 발가락도 노란색이며 거칠거칠한 털이 조밀하다. 몸길이는 27.5~30cm이다.

어른새. 2007.6.10. 전남 구례

어린새. 2016.8.14.
경기 고양 일산호수공원

어른새. 2016.5.17. 광주 전남대학교

번식 쌍. 2014.5.21. 충북 충주 미륵사

어른새. 2010.3.23.
경기 시흥 갯골생태공원 ⓒ 진경순

칡부엉이

Long-eared Owl | *Asio otus* | 올빼미과(Strigidae)

- 천연기념물
- 전 세계 개체수: 정확한 데이터 없음

유라시아와 북아메리카 온대에서 번식하며 겨울철에 북쪽에 있는 무리가 남쪽으로 내려온다. 우리나라에는 드물게 10월 초순에 찾아와 3월 하순까지 머무는 겨울철새다.
평지와 산지 산림, 나무가 무성한 공원에서 지낸다. 낮에는 작은 무리를 이루어 나뭇가지에서 쉬고 어두워지면 활동하며, 주로 쥐를 먹는다. 겨울에는 매일 똑같은 소나무, 버드나무 줄기에서 잠자기 때문에 그 아래에 펠릿이 많이 떨어져 있다. 몸 윗면은 갈색, 흑갈색, 회색이 섞여 복잡한 무늬를 이룬다. 몸 아랫면에는 폭 넓은 세로줄무늬와 가는 가로줄무늬가 있다. 깃색은 수컷보다 암컷이 진하다. 날 때 보면 몸 바깥쪽 첫째날개깃 끝에 검은 줄무늬가 4~5줄 있다. 몸길이는 32.5~36cm이다.

낮에는 숲 가장자리에 있는 나무에 앉아 쉰다.
2011.3.12. 경기 시흥 갯골생태공원

주로 낮에는 나뭇가지에 가려 잘 보이지 않는 곳에서 잠잔다. 2011.1.9. 경기 파주 오도리

먹이를 먹고 소화되지 않는 뼈와 털과 깃털 등을 뱉어 낸 것을 영어로 펠릿(pellet)이라고 하며, 이렇게 뱉어 내는 일을 순우리말로는 "띠를 뱉는다"고 한다. 2011.3.12. 경기 시흥 갯골생태

먹이를 먹은 뒤에 돌출된 곳에 앉아 쉬며 주변을 살핀다. 2007.2.27. 충남 서산 간월호 ⓒ 김신환

- 천연기념물
- 전 세계 개체수: 정확한 데이터 없음

쇠부엉이

Short-eared Owl | *Asio flammeus* | 올빼미과(Strigidae)

아이슬란드, 영국, 스칸디나비아, 러시아, 서인도제도, 북아메리카 북부, 남아메리카 남부, 하와이제도, 갈라파고스제도에서 번식한다. 아프리카 동부, 유럽, 인도에서 중국, 북아메리카 중부에서 겨울을 난다. 우리나라에는 10월 초순에 찾아와 3월 하순까지 머무는 겨울철새다.
주로 강가 농경지, 갈대밭 주변처럼 탁 트인 평지에서 생활한다. 대개 밤에 활동하지만 흐린 날에는 낮에도 먹이를 찾는다. 전체적으로 엷은 갈색 또는 황갈색을 띤다. 칡부엉이보다 귓깃이 무척 짧다. 얼굴은 엷은 갈색이며 눈 주변은 갈색이지만 개체 변이가 심하다. 홍채는 황색이다. 몸 아랫면에는 흑갈색 세로줄무늬가 있으며 이 무늬는 아랫배로 갈수록 가늘어진다. 날 때 보면 바깥쪽 첫째날개깃 끝부분이 칡부엉이보다 어둡고 검은 줄무늬가 2~3줄 있다. 날개 끝부분에 흑갈색 무늬가 있다. 몸길이는 36~39cm이다.

주로 아침저녁에 먹이 활동을 한다. 하천 위를 낮게 날며 땅에서 움직이는 쥐를 찾는다.
2021.2.11. 경기 파주 공릉천

어른새. 2013.2.14.
서울 강서습지생태공원 ⓒ 진경순

크낙새

White-bellied Woodpecker | *Dryocopus javensis* |
딱다구리과(Picidae)

- 천연기념물
- 멸종위기 야생생물 Ⅰ급
- 전 세계 개체수: 정확한 데이터 없음

인도 서부, 미얀마, 태국, 베트남, 말레이시아, 수마트라, 자바, 인도네시아, 필리핀, 북한에 살며, 남한과 대마도에서는 멸종되었다. 북한 일부 지역(봉천군, 린산군, 평산군, 개성시 박연리)에서 극히 적은 수가 번식하는 텃새로 알려지나 최근 개체수 자료가 없어 생존 여부를 파악하기가 어렵다. 우리나라에서는 1993년 이후 번식지인 경기 남양주 광릉 숲에서 확인되지 않고 있다.

경계심이 강해 고목으로 울창한 저지대 산림에서 지낸다. 나선형으로 나무를 타면서 나무줄기를 쪼아 속에 있는 애벌레를 잡는다. 이렇게 뚫은 구멍은 박새류와 나무발발이 등이 둥지로 쓰기도 한다. 둥지는 참나무, 소나무, 밤나무 등 수령이 오래된 거목에 튼다. 3월 말에서 5월 초에 알을 3~4개 낳아 14일 동안 품으며, 새끼는 부화하고서 26일 뒤에 둥지를 떠난다.

흰 배와 허리를 제외하고 전체적으로 검은색이다. 첫째날개깃 끝은 폭 좁은 흰색이다. 날 때 아랫날개덮깃이 흰색으로 보인다. 수컷은 이마에서 머리꼭대기까지 붉은색이며 뺨선이 붉다. 암컷은 머리 전체가 검은색이다. 몸길이는 46cm이다.

암컷. 1986.05.25. 황해북도 린산군 ⓒ 정종렬

서식지. 북한은 황해남도 봉천군, 황해북도 린산군, 평산군 일원을 크낙새 보호구로 지정했다. 1990년대.
황해북도 평산군 ⓒ 정종렬

수컷. 1986.3.
경기 포천 국립수목원
ⓒ 서정화

수컷. 1986.05.25. 황해북도 린산군 ⓒ 정종렬

수컷. 2006.5.25. 강원 춘천 ⓒ 서정화

까막딱다구리

Black Woodpecker | *Dryocopus martius* | 딱다구리과(Picidae)

- 천연기념물
- 멸종위기 야생생물 II급
- 전 세계 개체수: 정확한 데이터 없음

유럽에서 이란 북부, 몽골 북부, 중국 남서부와 동부, 한국, 러시아 연해주 지역, 캄차카반도, 사할린, 오호츠크해 연안, 일본 홋카이도에서 지낸다. 우리나라에서는 큰 나무가 있는 울창한 산림에서 지내는 드문 텃새다.

긴 부리로 고목 줄기를 찍어 애벌레를 찾으며, 그 소리를 먼 거리에서도 들을 수 있다. 땅에 내려와 고사목에서 개미를 찾아 먹기도 한다. 먹이를 찾아 이동하면서 소리를 낸다. 2월 하순부터 암수가 교대로 나무에 둥지로 삼을 구멍을 판다. 원앙, 파랑새, 호반새 등이 둥지를 빼앗아 번식에 실패하는 경우도 있다. 3월 하순에 흰색 알을 3~6개 낳아 14~16일 동안 품는다. 새끼는 대부분 수컷이 돌보며, 초기에는 부리 안에 먹이를 많이 담아 와 토해 내 새끼에게 먹인다. 해 지기 20~30분 전에 소리를 내며 잠자리 구멍으로 들어가 잠을 잔다. 전체적으로 검은색을 띠는 수컷은 이마에서 뒷머리까지 붉으며, 암컷은 뒷머리만 붉다. 대형 딱다구리로 몸길이는 45.5cm이다.

암컷과 어린새. 2008.5.29.
경기 포천 ⓒ 곽호경

둥지. 2014.5.3. 서울 도봉 구봉사

먹이를 찾은 흔적. 살아 있는 나무를 쪼아 그 속에 있는 애벌레를 잡아먹을 때 내는 드러밍(drumming) 소리는 매우 커 먼 거리에서도 들린다. 2014.4.12. 강원 춘천 남이섬

암수 생김새가 매우 비슷하다. 2016.7.2. 경북 포항 덕성리 ⓒ 박대용

- 천연기념물 204호
- 멸종위기 야생생물 II급
- 적색자료집 취약(VU)
- 전 세계 개체수: 정확한 데이터 없음

팔색조

Fairy Pitta | *Pitta nympha* | 팔색조과(Pittidae)

중국 남동부, 대만, 일본, 한국에서 번식하고, 보르네오섬에서 겨울을 난다. 우리나라에서는 5월 중순에 찾아와 9월 하순까지 머문다. 남부 섬 지역이나 내륙, 중부 내륙에서 드물게 번식한다. 울창한 숲속 습하고 어두운 곳을 좋아한다. 인적이 없는 어두운 숲속 계곡 주변 바위에 나뭇가지와 이끼를 써서 둥지를 짓는다. 6월 초순에 알을 4~5개 낳으며 13~14일 동안 품는다. 새끼가 깨어나면 암수가 교대로 지렁이와 곤충을 물어다 먹인다. 새끼는 13~14일 동안 키운다.
몸에 비해 머리가 크고 꼬리가 짧다. 머리는 적갈색이며 가늘고 검은 머리중앙선이 있다. 눈선은 검은색이며 눈썹선은 황백색이다. 몸 윗면은 녹청색이며, 허리는 코발트색이다. 첫째날개깃은 검은색이며 기부에 흰색 반점이 있다. 가슴과 옆구리는 엷은 황색이며 배 중앙에서 아래꼬리덮깃까지 붉은색이다. 몸길이는 18cm이다.

암수가 함께 새끼를 키운다. 2016.7.2. 경북 포항 덕성리 ⓒ 박대용

새끼에게 먹일 지렁이를 물어 왔다. 2012.7.2. 경남 남해 ⓒ 장성래

어른새. 2016.7.1. 경북 포항 덕성리 ⓒ 박대용

수컷. 2015.7.14. 전남 함평 ⓒ 박대용

긴꼬리딱새

Japanese Paradise Flycatcher | *Terpsiphone atrocaudata* |
긴꼬리딱새과(Monarchidae)

- 적색자료집 준위협(NT)
- 멸종위기 야생생물 II급
- 전 세계 개체수: 정확한 데이터 없음

한국과 일본에서는 여름철새로 찾아오고 대만에서는 텃새로 머문다. 비번식기에는 말레이반도, 수마트라, 필리핀에서 겨울을 난다. 우리나라에는 5월 초순에 찾아와 9월 중순까지 머물며 거제도, 제주 등 남부 지역에서 많이 볼 수 있다.

어두운 숲속 낮은 나뭇가지에 앉아 있다가 날면서 곤충을 잡는다. 둥지는 작은 'Y'자형 나뭇가지 사이에 이끼, 나뭇잎, 거미줄 등을 섞어 컵 모양으로 짓는다. 산란기는 5월부터이며, 알을 3~5개 낳아 12~14일 동안 암수가 교대로 품는다.

수컷은 정수리에 뒤로 향한 짧은 댕기가 있으며 눈테는 폭이 넓고 파랗다. 몸 윗면은 자주색 광택이 있는 검은색이고, 긴 꼬리는 거의 검은색으로 보이며, 중앙꼬리깃은 매우 길게 튀어나왔다. 암컷은 꼬리가 짧고 몸 윗면은 흑갈색이 도는 적갈색이다. 몸길이는 수컷 38~43cm, 암컷 18.5~21cm이다.

둥지. 2012.6.16.
경남 남해 ⓒ 장성래

어린새. 가을 이동 시기에
어린새는 암수 생김새가 같다.
2008.8.24. 전남 신안 흑산도

수컷. 간혹 암컷처럼 꼬리가
짧은 수컷도 있다. 암컷보다
눈테가 더 넓으며, 부리 기부
파란색이 눈 아래까지 다다른다.
2021.6.6. 대전 만인산
ⓒ 안광연

암컷. 수컷보다 눈테 폭이 좁다.
2021.6.6. 대전 만인산
ⓒ 안광연

수컷. 번식기에는 중앙꼬리깃이 길게 튀어나오며 암컷은 꼬리가 긴 수컷을 선호한다고 한다.
겨울철에는 긴 꼬리가 떨어져 꼬리 길이가 암컷과 거의 같아진다. 2015.7.14. 전남 신안 흑산도

어른새. 2006.3.1. 충남 서산 천수만 대섬

- 멸종위기 야생생물 II급
- 전 세계 개체수: 정확한 데이터 없음

뿔종다리

Crested Lark | *Galerida cristata* | 종다리과(Alaudidae)

아프리카 중북부에서 유럽, 소아시아, 중국, 한국까지 매우 광범위한 지역에 분포한다. 우리나라에서는 과거 흔한 텃새였지만 현재는 멸종 위기에 처해 있다. 언제부터 감소했는지 자료는 없지만 1980년대 초부터 이미 사라진 것으로 보인다. 2007년까지 충남 서산 간척지에서 1쌍 이상이 번식했으나 이제 텃새 무리는 볼 수가 없으며, 매우 드물게 겨울철에 나타난다.

초지, 목장, 하천 풀밭 등 들판에서 작은 무리를 이루어 생활한다. 번식기에는 수컷이 공중으로 날아올라 정지 비행해 지저귄다. 4월부터 알을 4~5개 낳으며, 암수가 교대로 12~13일 동안 품는다. 종다리보다 머리깃이 길고 뾰족하다. 부리가 크고 길며, 등과 어깨 색은 종다리보다 엷으며 검은 줄무늬가 흐릿하다. 날개가 짧으며, 둘째날개깃 끝이 흰색인 종다리와 달리 갈색이다. 아랫날개덮깃은 황갈색 또는 적갈색이다. 꼬리가 짧으며 바깥 꼬리깃은 황갈색이다. 몸길이는 17cm이다.

어른새. 2006.4.11. 충남 서산 천수만 대섬 ⓒ 서정화

둥지. 2006.4.11. 충남 서산 천수만 대섬 ⓒ 서정화   새끼. 2006.4.17. 충남 서산 천수만 대섬 ⓒ 서정화

섬개개비

Styan's Grasshopper Warbler | *Helopsaltes pleskei* |
섬개개비과(Locustellidae)

- 멸종위기 야생생물 II급
- 적색자료집 취약(VU)
- 전 세계 개체수: 정확한 데이터 없음

연해주, 한국(남해안, 서해안), 일본 남부 섬에서 번식하고, 중국 남동부, 베트남에서 겨울을 난다. 우리나라에는 5월 하순에 찾아와 9월 하순까지 머물며, 육지에서 멀리 떨어진 남해안과 서해안 섬 지역에서 지내는 여름철새다.
해안의 상록수림, 이대가 자라는 숲, 관목이 있는 초지, 갈대밭에서 지낸다. 좀처럼 개방된 곳으로 나오지 않는다. 둥지는 주로 동백나무, 돈나무 등 관목 줄기에 벼과 또는 사초과 식물 잎을 재료 삼아 밥그릇 모양으로 튼다. 6~8월에 알을 3~5개 낳고, 암컷이 13~14일 동안 품는다. 알락꼬리쥐발귀보다 더 크고 부리가 더 길며, 몸 윗면은 회갈색이 강하고 올리브색이 약하다. 몸 아랫면은 흰색이며 가슴 옆과 옆구리는 때 묻은 회백색이다. 꼬리는 둥글며 끝에 흰색 반점이 있다. 다리는 어두운 살구색이며, 길고 굵직하다. 몸길이는 16~17.5cm이다.

어른새. 번식기를 제외하고는 개방된 곳으로 좀처럼 나오지 않는다. 2018.5.29. 전남 신안 칠발도 ⓒ 김양모

어린새. 2017.8.14. 전남 신안 흑산도

어른새. 2006.6.15. 전남 신안 홍도

둥지와 알
전남 신안 칠발도
ⓒ 서정화

어른새. 2006.8.12. 전남 신안 칠발도 ⓒ 곽호경

섬개개비(왼쪽)와
알락꼬리쥐발귀(오른쪽).
2종을 구별하기가 매우 어렵다.
2018.5.29. 전남 신안 칠발도
ⓒ 박창욱

검은머리촉새

Yellow-breasted Bunting | *Emberiza aureola* |
멧새과(Emberizidae)

- 멸종위기 야생생물 II급
- 적색자료집에 위급(CR)
- 전 세계 개체수: 3만 미만

약 150만 마리가 중간 기착지인 중국 광둥성을 통과할 정도로 흔했지만 1990년대부터 감소하기 시작했다. 2000년대 초반에 30만 마리 미만으로 감소했다. 1980~2013년 사이에 번식지 및 월동지 조사 결과 개체수가 84.3~94.7% 감소했으며, 분포지가 5,000km 줄어들었다. 동아시아 주요 이동 길목에 위치한 중국에서 고급 요리 재료로 쓰고자 대규모로 불법 포획하는 것이 급작스런 감소 원인으로 꼽힌다.
핀란드 중부에서 동쪽으로 우수리 지방, 중국 동북부, 사할린, 캄차카반도, 쿠릴열도에서 번식하고 네팔, 방글라데시, 인도 북동부, 인도차이나반도, 중국 남부에서 겨울을 난다. 우리나라에는 5월 초순~5월 하순, 10월 초순~10월 하순에 찾아오는 드문 나그네새다. 농경지, 하천가, 마을 주변 잡목림에서 풀씨 등을 찾아 먹는다.

암컷. 2006.5.2. 전남 신안 홍도

수컷. 2006.5.2. 전남 신안 홍도

수컷 여름깃은 몸 윗면이 진한 밤색이며 이마, 얼굴, 멱 윗부분은 검은색이다. 가운데날개덮깃과 작은날개덮깃이 흰색이다. 몸 아랫면은 노란색이며 가슴에 밤색 띠가 있다. 암컷 여름깃은 몸 윗면이 엷은 갈색이며 흑갈색 줄무늬가 흩어져 있다. 귀깃은 흐린 갈색이며 가장자리가 적갈색이다. 몸 아랫면은 노란색이며 옆구리에 흑갈색 줄무늬가 있다. 수컷 겨울깃은 암컷과 비슷하지만 가운데날개덮깃과 일부 작은날개덮깃이 흰색이다. 몸길이는 15.5cm이다.

어른새 수컷 겨울깃. 2018.10.28. 전남 신안 홍도

무당새

Yellow Bunting | *Emberiza sulphurata* | 멧새과(Emberizidae)

- 멸종위기 야생생물 II급
- 적색자료집 취약(VU)
- 전 세계 개체수: 3,500~1만 5,000

일본 중부에서 번식하고, 일본 서남부를 거쳐 대만, 필리핀 북부, 중국 남부에서 겨울을 난다. 우리나라에서는 4월 중순~5월 중순에 남해와 서해 섬 지역을 드물게 통과하는 나그네새다.

평지 산지에서 조릿대, 관목이 자라는 밝은 숲을 선호한다. 번식기 이후에는 홀로 또는 작은 무리를 이루어 지내며 곤충류, 거미, 식물의 씨앗을 먹는다. 수컷은 이마에서 뒷머리까지 회색을 띠는 녹색이다. 흰색 눈테가 있으며 눈앞과 턱밑이 검다. 몸 윗면은 어두운 녹회색 바탕에 흑갈색 줄무늬가 있으며 멱은 진한 황색이다. 몸 아랫면은 황색을 띠며 옆구리에 갈색 줄무늬가 있다. 암컷은 머리 녹색이 흐릿하며 몸 아랫면 황색도 수컷보다 옅다. 눈앞이 회색을 띠며 턱밑에 검은색이 없다. 몸길이는 14cm이다.

수컷. 2018.4.24. 전남 신안 흑산도

암컷. 2018.4.28. 충남 태안 마도

쇠검은머리쑥새

Japanese Reed Bunting | *Emberiza yessoensis* |
멧새과(Emberizidae)

- 멸종위기 야생생물 II급
- 적색자료집 준위협(NT)
- 전 세계 개체수: 6,000~1만 5,000

중국 북동부, 우수리 지역, 사할린 남부, 일본 혼슈 이북에서 번식하고 중국 남동부, 한국, 일본에서 겨울을 난다. 우리나라에는 10월 하순에 찾아와 5월 초순까지 머무는 겨울철새인데, 2015년 5월 이후 경기 안산 시화호 습지에서 적은 수가 번식했다.

습지, 갈대밭, 초지에서 지낸다. 다른 검은머리쑥새류 무리에 섞여 겨울을 나며 주로 갈대 줄기에 앉아 씨앗을 먹는다. 부리가 작고 뾰족하며, 작은날개덮깃은 회색이다. 허리와 위꼬리덮깃이 분홍색이다. 수컷 여름깃은 머리 전체가 검은색이다. 수컷 겨울깃은 머리에 검은색이 남아 있으며 흐린 회갈색 줄무늬가 있다. 귀깃과 멱에 검은색이 있으며 뺨밑선이 약간 밝게 보인다. 암컷은 정수리에 검은색과 갈색 줄무늬가 흩어져 있어 어둡게 보인다. 귀깃은 검은색 바탕에 깃 끝 색이 엷다. 턱선이 검은색으로 뚜렷하다. 몸길이는 14.5cm이다.

수컷 여름깃. 2016.8.7.
경기 안산 시화호 인근 ⓒ 진경순

암컷 겨울깃. 2015.12.24.
경기 화성 호곡리 ⓒ박대용

번식기. 띠, 새섬매자기, 칠면초, 천일사초 등 높이 1m 이하 초본류가 무성한 습지에서 번식하고, 겨울철에는 다소 키 작은 갈대밭에서 겨울을 난다. 이런 환경이 농경지 또는 산업 단지로 바뀌어 안정적으로 번식하기가 어려운 상황이다.
2016.8.9. 경기 안산 시화호 인근

검은머리쑥새 3종 부리 형태 비교

부리 모양(뾰족하거나 두툼하거나), 흰색 뺨밑선 유무, 작은날개덮깃 색깔이 종에 따라 다르다.
3종 모두 수컷 여름깃은 머리와 목이 검으며, 겨울에는 검은색이 거의 보이지 않는다.

쇠검은머리쑥새 수컷 여름깃과 겨울깃

북방검은머리쑥새 수컷 여름깃과 겨울깃

검은머리쑥새 수컷 여름깃과 겨울깃

우리나라에서 멸종한 새와 빠르게 사라지고 있는 새

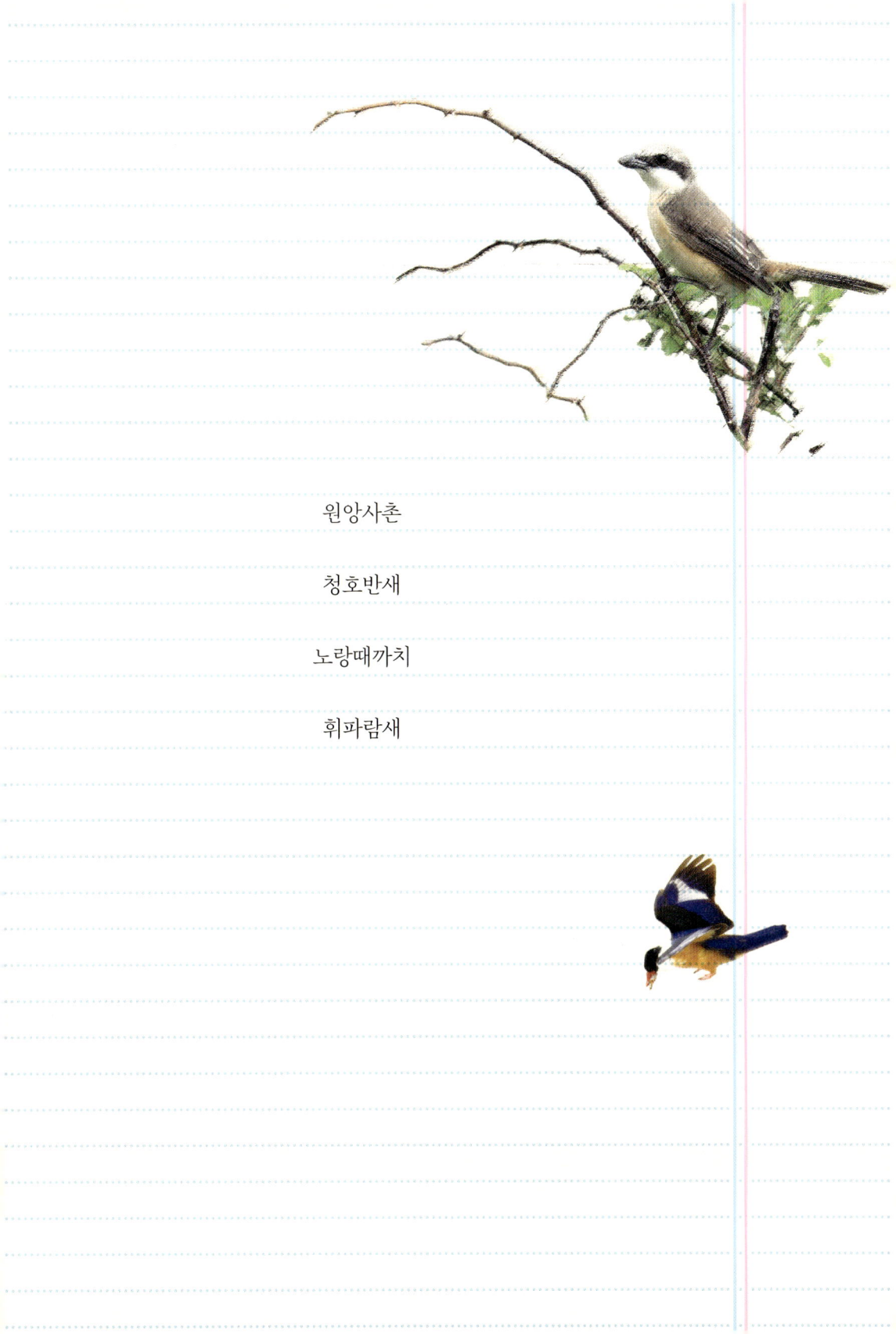

원앙사촌

청호반새

노랑때까치

휘파람새

원앙사촌
Crested Shelduck | *Tadorna cristata*

중국 북동부와 북한 일대 국한된 지역에서 번식하고 한국, 일본에서 월동했던 것으로 추정된다. 몸길이는 64cm이며, 생태에 대해 거의 알려진 것이 없다.

절멸(Extinct)한 것으로 보인다. 표본 3점만이 전해진다. 첫 번째 표본은 1877년 4월 블라디보스토크 부근에서 잡힌 암컷으로 덴마크 코펜하겐 국립박물관에 소장되어 있다. 두 번째 표본은 1913년~1914년 11월 말에서 12월 초순 군산 금강 하구에서 잡힌 수컷, 세 번째 표본은 1916년 12월 3일 부산 낙동강 하구에서 잡힌 암컷으로 두 표본 모두 일본 야마시나조류연구소에 소장되어 있다. 이후 1964년 러시아 극동 남부에서 3마리(수컷 1, 암컷 2), 1971년 3월 함경북도 명천군 칠보산에서 동해로 흐르는 보촌강 하구에서 헤엄치는 6마리를 관찰했다는 기록이 있을 뿐이다.

원앙사촌 박제 표본
일본 야마시나조류연구소

청호반새

Black-capped Kingfisher | *Halcyon pileata*

다소 흔한 여름철새였지만 개체수가 감소해 드문 여름철새가 되었다. 소하천 정비 같은 하천 개발 때문에 둥지 트는 흙 벼랑이 사라진 것이 개체수가 줄어든 데에 가장 큰 영향을 미친 것으로 보인다. 우리나라에는 4월 하순에 찾아와 번식하며, 9월 하순까지 머문다.

흙 벼랑이 있는 논 주변 계류, 호수 주변에서 지낸다. 개울가 전신주나 나뭇가지에 앉아 있다가 물고기, 개구리, 곤충 등을 잡는다. 먹이는 바위 또는 나뭇가지에 여러 차례 쳐서 기절시킨 후에 먹는다. 둥지는 하천가 흙 벼랑에 깊이 60~100cm 구멍을 파서 짓는다. 매년 같은 구멍을 둥지 삼기도 하고, 여러 개 구멍이 이웃해 있기도 한다. 5월 중순부터 알을 4~5개 낳으며, 암컷이 홀로 19~20일 동안 품는다. 몸길이는 30~32cm이다.

둥지. 2016.7.1. 경북 영주

어른새. 2009.7.11. 전북 완주 ⓒ 백정석

노랑때까치
Brown Shrike | *Lanius cristatus lucionensis*

지리적으로 4아종(홍때까치, 노랑때까치, 넓은이마홍때까치, 진홍때까치)으로 나누며, 이 중 노랑때까치는 한국, 중국 동북부, 일본(규슈)에서 번식하는 아종이다. 과거 우리나라 전역에서 번식하는 흔한 여름철새였지만 개체수가 크게 감소해 1980년대 후반부터 보기 힘들어졌다.

탁 트인 곳보다는 산림 또는 숲 가장자리를 선호한다. 농경지 주변 숲속 나뭇가지에 앉아 먹이를 구한다. 5월부터 알을 4~6개 낳고 약 13일 동안 품는다. 최근 강원, 경기 일대에서 번식한 개체는 생김새가 노랑때까치와 홍때까치의 중간이거나 홍때까치와 더 비슷해 보였다. 몸길이는 19~21cm이다.

어른새. 2006.5.13. 전남 신안 흑산도

둥지. 경기 가평 ⓒ 서정화

휘파람새

Korean Bush Warbler | *Horornis borealis*

이동 시기에는 다양한 환경에서 꽤 흔히 보이지만, 번식기에는 그렇지 않다. 강 상류에서 버드나무와 갈대 등이 빽빽하게 자라는 곳, 산 아래에 있는 넓은 계곡 주변에서 관목이 빽빽하게 자라는 곳에서만 번식한다. 1980년대 중반까지만 해도 이런 곳에 둥지가 많았지만 최근에는 거의 보이지 않는다. 번식 개체 수가 크게 줄어 요즘은 소양강, 북한강, 남한강, 홍천강 상류 등 경기, 강원 이북 지역에서만 매우 적은 수가 번식하며, 중남부 지역에서는 번식하지 않는다. 몸길이는 수컷 16.5~19cm, 암컷 14~15.5cm이다. 휘파람새와 매우 비슷한 섬휘파람새는 남해안과 서남해안 상록활엽수림과 남부 내륙 지역 이대밭과 대나무밭, 지리산, 덕유산 같은 아고산대 관목림에서 흔하게 번식한다. 많은 사람이 섬휘파람새를 휘파람새로 착각해 휘파람새를 흔한 여름철새로 잘못 여기는 일이 많다.

번식지(강원 춘천 남한강변). 경기, 강원 이북 지역에서도 덤불이 무성한 환경에서만 매우 드물게 번식한다.

서식지. 2019.6.1. 강원 인제

찾아보기

국명

개구리매	126
개리	016
검독수리	096
검은머리갈매기	194
검은머리물떼새	174
검은머리촉새	264
검은목두루미	168
고니	036
고대갈매기	196
긴꼬리딱새	254
긴점박이올빼미	232
까막딱다구리	246
낭비둘기	202
넓적부리도요	188
노랑때까치	278
노랑부리백로	076
노랑부리저어새	066
느시	154
독수리	086
두견이	210
두루미	162
따오기	056
뜸부기	156
매	150
먹황새	048
무당새	266
물수리	080
벌매	082
붉은배새매	108
붉은어깨도요	184
붉은해오라기	072
뿔쇠오리	200
뿔종다리	258
새매	118
새호리기	148
섬개개비	260
소쩍새	220
솔개	140
솔부엉이	236
쇠검은머리쑥새	268
쇠부엉이	242
수리부엉이	224
알락개구리매	136
알락꼬리마도요	180
올빼미	228
원앙	042
원앙사촌	274
재두루미	158
잿빛개구리매	130
저어새	060
조롱이	114
참매	122
참수리	104
청다리도요사촌	182
청호반새	276
칡부엉이	240
크낙새	244
큰고니	038
큰기러기	020
큰덤불해오라기	070
큰말똥가리	142
큰부리큰기러기	024
큰소쩍새	216
팔색조	250
항라머리검독수리	090
호사도요	192
호사비오리	046
혹고니	032
황새	052
황조롱이	146
휘파람새	280
흑기러기	028
흑두루미	170
흑비둘기	208
흰꼬리수리	100
흰목물떼새	178

| 흰이마기러기 | 026 |
| 흰죽지수리 | 092 |

영명

Black Kite	140
Black Stork	048
Black Woodpecker	246
Black Woodpigeon	208
Black-capped Kingfisher	276
Black-faced Spoonbill	060
Brant Goose	028
Brown Shrike	278
Chinese Egret	076
Chinese Sparrowhawk	108
Cinereous Vulture	086
Common Crane	168
Common Kestrel	146
Crested Ibis	056
Crested Lark	258
Crested Murrelet	200
Crested Shelduck	274
Eastern Imperial Eagle	092
Eastern Marsh Harrier	126
Eurasian Eagle Owl	224
Eurasian Hobby	148
Eurasian Oystercatcher	174
Eurasian Sparrowhawk	118
Eurasian Spoonbill	066
Fairy Pitta	250
Far Eastern Curlew	180
Golden Eagle	096
Great Bustard	154
Great Knot	184
Greater Painted-snipe	192
Greater Spotted Eagle	090
Hen Harrier	130
Hill Pigeon	202
Himalayan Owl	228
Hooded Crane	170
Japanese Night Heron	072
Japanese Paradise Flycatcher	254

Japanese Reed Bunting	268
Japanese Scops Owl	216
Japanese Sparrowhawk	114
Korean Bush Warbler	280
Lesser Cuckoo	210
Lesser White-fronted Goose	026
Long-billed Plover	178
Long-eared Owl	240
Mandarin Duck	042
Mute Swan	032
Nordmann's Greenshank	182
Northern Boobook	236
Northern Goshawk	122
Oriental Honey Buzzard	082
Oriental Scops Owl	220
Oriental Stork	052
Peregrine Falcon	150
Pied Harrier	136
Red-crowned Crane	162
Relict Gull	196
Saunders's Gull	194
Scaly-sided Merganser	046
Short-eared Owl	242
Spoon-billed Sandpiper	188
Steller's Sea Eagle	104
Styan's Grasshopper Warbler	260
Swan Goose	016
Taiga Bean Goose	024
Tundra Bean Goose	020
Tundra Swan	036
Upland Buzzard	142
Ural Owl	232
Von Schrenck's Bittern	070
Watercock	156
Western Osprey	080
White-bellied Woodpecker	244
White-naped Crane	158
White-tailed Eagle	100
Whooper Swan	038
Yellow Bunting	266
Yellow-breasted Bunting	264

학명

Accipiter gentilis	122
Accipiter gularis	114
Accipiter nisus	118
Accipiter soloensis	108
Aegypius monachus	086
Aix galericulata	042
Anser cygnoides	016
Anser erythropus	026
Anser fabalis	024
Anser serrirostris	020
Antigone vipio	158
Aquila chrysaetos	096
Aquila heliaca	092
Asio flammeus	242
Asio otus	240
Branta bernicla	028
Bubo bubo	224
Buteo hemilasius	142
Calidris pygmaea	188
Calidris tenuirostris	184
Charadrius placidus	178
Chroicocephalus saundersi	194
Ciconia boyciana	052
Ciconia nigra	048
Circus cyaneus	130
Circus melanoleucos	136
Circus spilonotus	126
Clanga clanga	090
Columba janthina	208
Columba rupestris	202
Cuculus poliocephalus	210
Cygnus columbianus	036
Cygnus cygnus	038
Cygnus olor	032
Dryocopus javensis	244
Dryocopus martius	246
Egretta eulophotes	076
Emberiza aureola	264
Emberiza sulphurata	266
Emberiza yessoensis	268
Falco peregrinus	150
Falco subbuteo	148
Falco tinnunculus	146
Galerida cristata	258
Gallicrex cinerea	156
Gorsachius goisagi	072
Grus grus	168
Grus japonensis	162
Grus monacha	170
Haematopus ostralegus	174
Halcyon pileata	276
Haliaeetus albicilla	100
Haliaeetus pelagicus	104
Helopsaltes pleskei	260
Horornis borealis	280
Ichthyaetus relictus	196
Ixobrychus eurhythmus	070
Lanius cristatus lucionensis	278
Mergus squamatus	046
Milvus migrans	140
Ninox japonica	236
Nipponia nippon	056
Numenius madagascariensis	180
Otis tarda	154
Otus semitorques	216
Otus sunia	220
Pandion haliaetus	080
Pernis ptilorhynchus	082
Pitta nympha	250
Platalea leucorodia	066
Platalea minor	060
Rostratula benghalensis	192
Strix nivicolum	228
Strix uralensis	232
Synthliboramphus wumizusume	200
Tadorna cristata	274
Terpsiphone atrocaudata	254
Tringa guttifer	182